ÁNGELES
Conectando con la LUZ

Isabel Sánchez Rivera

Título original: *Ángeles. Conectando con la Luz*

ISBN: 9798757101446

Diseño de cubierta y fotografía: Isabel Sánchez Rivera
Algunas imágenes han sido diseñadas usando Freepik.com
Imágenes tarjetas ángeles KlamZero © Ediciones Red Crecer
Maquetación: Red Social Crecer
Corrección: Juan Ángel Rubio Serrano
Edición digital: José Vicente Herrera Ríos | Autoedítate

© Isabel Sánchez Rivera
Edición 2021 RED SOCIAL CRECER S.L.
© Ediciones Red Crecer

Red Social Crecer S.L. está a favor de la protección del copyright ya que estimula la generación de nuevos autores, la creatividad y el fomento de nuevas ideas, así como la expansión del conocimiento promoviendo la libre expresión y la ampliación de la cultura.

Gracias por comprar una edición autorizada de este libro, ya que de esta forma respaldas a los autores y permites que estos sigan publicando libros para todos los lectores, y respetas las propias leyes del copyright que obligan a la no reproducción, escaneo, copia y distribución gratuita de la obra completa o partes de la misma.

Nota a los lectores: esta publicación contiene las opiniones e ideas de su autor. Su intención es ofrecer material útil e informativo sobre el tema tratado. Las estrategias señaladas en este libro pueden no ser apropiadas para todos los individuos y no se garantiza que produzca ningún resultado en particular.

Este libro está especialmente dedicado a TI, Tomás, mi querido abuelo, esa presencia que siempre emana AMOR incondicional y que me ha acompañado en muchos momentos de mi vida.

Gracias a todas las personas que amo y me acompañan en mi día a día.

Gracias a vosotros, seres de Luz, Ángeles, maestros ascendidos y toda aquella presencia que haya estado a mi lado en el proceso de este libro, escribir un libro con tanta energía siempre es parte de un camino lleno de experiencias, transformación y cambio.

Gracias a ti, mi querida **Alexia**, por ser parte de esas "causalidades" que están cerca de mí y a ti **Valeria** por atraer tantos números a nuestra vida, hoy 12:11.21 me pido el 11:11.

Os quiero

"Angelos", el mensajero

Maravillosos seres inmortales de belleza insuperable, llenos de luz y pureza, libres de todo lo que significa tiempo y espacio, el puente que une la divinidad con lo humano, el canal de comunicación entre el "Cielo" y la Tierra.

La palabra Ángel se deriva de la palabra griega "Angelos" que significa mensajero.

Aunque puedas pensar lo contrario, hablar de Ángeles no implica hablar de religión, los Ángeles han sido referenciados desde la más remota antigüedad por multitud de culturas, creencias y religiones, aunque en muchos casos no con este nombre.

De igual forma me gustaría, antes de entrar de lleno en el tema, hacer una puntualización con respecto a lo que se denominaría:

"Divinidad"

Para ti que estás leyendo este libro la "divinidad" puede ser perfectamente el Dios en el que crees si tienes uno, sea el que sea, con el nombre que desees designarlo, ese Dios que puede estar unido a una religión específica o bien a una creencia, también puede ser para ti la referencia que conocemos como la **divinidad creadora, el éter o tal vez, la más pura Energía Universal.**

Cada vez que nombre a Dios o la Divinidad, me gustaría que asociaras estas palabras a tu propia fe, a tus creencias, a lo que tenga un verdadero significado para ti y esté relacionado a su vez con estos seres de luz maravillosos que me encantaría descubrieras conmigo, si es que aún, no lo has hecho.

Momentum

Todos tenemos momentos difíciles en la vida, cuando todo vuelve a la calma, echamos la vista atrás y nos surge la duda, ¿cómo hemos sido capaces de superarlo?

Es posible que hayamos recibido la ayuda de nuestro Ángel protector.

*De forma inconsciente **invocamos su ayuda ante la necesidad** en los momentos de dificultad y desesperación.*

Cada uno de nosotros tenemos un Ángel que nos acompaña, puedes llamarlo si quieres Ángel de la Guarda, guía espiritual, alma de luz, maestro ascendido..., ese **"ente energético" lleno de amor, que te cuida, te protege, te guía, aunque no seas consciente de ello.**

Conocer a los Ángeles, así como los diferentes canales de conexión con ellos, nos permite abrir un nuevo canal de comunicación a nivel energético, comunicarnos con estos seres celestiales, ser conscientes de su ayuda y permitirnos sentir su energía poderosa.

> Permitirnos ACEPTAR y saber de qué forma pueden ayudarnos, este canal de comunicación está aquí para ayudarte, SE ABRE PARA TI, si así lo deseas.

Es mi deber decirte algo muy importante, algo que se cumple en la humanidad en todos los caminos y por supuesto, también en la conexión angelical:

> **Si no quieres recibir ayuda no la vas a obtener.**

La libertad, el LIBRE ALBEDRÍO, el poder de decisión que te fue otorgado en esta vida también está vigente en tu relación con estos seres celestiales.

> Solo pueden ayudarte si así lo solicitas, **para que funcione, debes aceptar ser ayudado, ya sea de forma consciente o inconsciente.**

Índice

Experiencia Angelical 1
    El principio 2
    Mi primera experiencia angelical 5
Cómo funciona este libro 13
Ángeles 15
    Solicitar la ayuda de los Ángeles 16
    ¿Existen los Ángeles? 18
    ¿Cómo son los Ángeles? 22
    La misión Angelical 25
    Clases y Tipos de Ángeles 26
    Los Ángeles de la Guarda 31
Primeros pasos. Conectando 33
    Elección angelical 35
    Eligiendo el mensaje 36
    Libre albedrío y Control 37
    Porqué nuestras oraciones no son atendidas 39
Abriendo la comunicación 43
    Canales de Comunicación 45
Cosas de Ángeles 49
    Permite, acepta 56
Técnicas para conectar 59
    Limpia tu Espacio 59
    Despertando tu YO 60
    La meditación 61
    La Escritura 62

    Los sueños.. 63

    Las oraciones angelicales 66

Oráculos y Cartas de Ángeles 69

    Mensaje Angelical... 69

    Ángel del día 71

    Azar Libre albedrío 72

Conexión y canalización 73

    El camino hacia la Luz 74

    Conecta con la Luz.. 77

    Conectando 79

    Visualizando 81

Guía de Ángeles y mensajes 85

    Mensaje de Uriel 87

    Rayo Rojo Rubí. Uriel.. 90

    Mensaje de Gabriel 91

    Rayo Naranja. Gabriel 93

    Mensaje de Jofiel 95

    Rayo Amarillo. Jofiel 98

    Mensaje de Rafael 99

    Rayo Verde. Rafael 102

    Mensaje de Miguel 103

    Rayo Azul. Miguel 105

    Mensaje de Raziel 107

    Rayo Índigo. Raziel 110

    Mensaje de Zadkiel 111

    Rayo Violeta. Zadkiel 114

    Mensaje de Metatrón 115

    Rayo Blanco. Metatrón 118

    Mensaje de Chamuel 119

    Rayo Rosa. Chamuel 122

    Mensaje de Haniel 123

Rayo Turquesa. Haniel 125

Mensaje de Tsaphikiel 127

Rayo Lila. Tsaphikiel 130

Mensaje de Sandalfón 131

Mensaje de Ariel 135

Mensaje de Israfel 139

Mensaje de Vretiel 143

Mensaje de Zakariel 147

Mensaje de Abdiel 151

Mensaje de Jeremiel 155

Mensaje de Raguel 159

Mensaje de Azrael 163

Mensaje de Jehudiel 167

Mensaje de Cassiel 171

Sanación con los Rayos de Luz 175

Ángeles y colores 176

Canalizar energía 178

Los Chakras. 179

Los Rayos de Luz 185

El Ángel de tu Cumpleaños 187

Ritual para Acuario 187

Ritual para Piscis 188

Ritual para Aries 189

Ritual para Tauro 189

Ritual para Géminis 190

Ritual para Cáncer 191

Ritual para Leo 191

Ritual para Virgo 192

Ritual para Libra 192

Ritual para Escorpio 193

Ritual para Sagitario 194

Ritual para Capricornio 194
Los Ángeles en TU VIDA 197

Experiencia Angelical

Cuando decidí dar VIDA a mis libros, lo hice en primer lugar para mí, escribo aquellos libros que me gustaría leer, que hubiera deseado encontrar en mi camino en las distintas etapas de mi vida.

Así que, me he animado a preparar este libro sobre los Ángeles para recordar todo lo que he aprendido con ellos y **compartirlo con todas aquellas personas que tienen deseos de mejorar sus vidas y tener experiencias diferentes, descubrir otra parte de esa esencia personal e íntima.**

En este punto crucial sobre escribir un libro sobre Ángeles, ha surgido de nuevo la crítica, cierta polémica e incluso la oposición por parte de las personas que me acompañan.

> *"Hablar sobre espiritualidad a nivel energético, hablar de Ángeles y conexiones, algo "friki" que no cuadra con tu faceta de escritora de desarrollo personal que trabaja el coaching personal y profesional."*

> *"Eres una mujer que habla de temas más reales, de inversiones y negocios, tienes una empresa y eres emprendedora de éxito, te juegas tu credibilidad."*

> *"Demasiado esotérico, van a criticarte y mucho."*

¿Dónde está el límite entre lo místico y lo humano? ¿Entre lo divino y lo terrenal? ¿Entre lo espiritual y lo mental? ¿La energía creadora y la mente racional?

Realmente pienso que **no debería existir ningún límite**, ya que los límites, las etiquetas solo valen exactamente para eso, para LIMITARNOS.

El único límite que existe, está en TU MENTE

Toda persona es un conjunto de conjuntos, una simbiosis auténtica en la que se mezclan las diferentes mentes, la racional, la emocional y la esencia pura de cada uno de nosotros, eso que algunos llaman ALMA.

Muchas veces pensamos demasiado en **"que es lo correcto"**, **¿Lo correcto para quién?,** o el tan temido **"que van a pensar los demás"**, el **"qué dirán"** es una de las creencias más limitantes con las que podemos encontrarnos en este mundo, ese "pensar de los demás" coarta en gran manera nuestra libertad, nuestra autentica libertad como personas, como mentes creadoras y almas libres que somos.

Una vez tomada la decisión de hacer lo que realmente me apetece y siento; de no permitir que lo que "digan los demás" coarte mi libertad, me siento metida de lleno en mi mundo **"friki guay"** y aquí si me gustaría dejar algo claro, este libro no va sobre visiones ni ilusiones mágicas, es **energía pura y busca el autoconocimiento personal.**

La conexión con Ángeles, seres de luz, maestros ascendidos, es una **herramienta de apoyo**, y como muchas otras herramientas, puedes usarla para llegar a conocerte mejor, así como enfocarla hacia tu desarrollo y crecimiento.

Para muchas personas, entre las cuales puede que estés TU, este camino, este trabajo con la **energía angelical**, el permitir esa conexión con tu ESENCIA más pura, es posible que sea la única forma de conseguir que se produzca ese CLIC interno que te ayudará a tomar decisiones y ponerte en marcha para CAMBIAR.

Tomar tu vida "por los cuernos" y fijar como objetivo llegar a esa VIDA EXTRAORDINARIA, que todos deseamos y sí...

Esa VIDA EXTRAORDINARIA que TE MERECES.

El principio

Mi experiencia con estos seres maravillosos, llenos de amor y luz ha sido muy buena, sobre todo desde el momento en que he sido consciente de su existencia.

Seamos sinceros, hablar estrictamente de "Ángeles" en este siglo XXI, tiene connotaciones muy del tipo religioso y especialmente unidas al catolicismo, también conecta con los grupos que buscan experiencias místicas.

Cuando alguien es en cierta medida tan pragmática como yo, tiene la connotación de "rebelde" como máxima, si en casa pretenden meterte en vena algo como es la religión, ser practicante de primera línea, aceptar de forma ciega lo que se dice y debe hacer según manda la Iglesia y la sociedad, no es lo mejor.

Máxime, cuando tus hermanos están enganchados al círculo más alto, él en el seminario y ella profesando como monja, puedo asegurarte que en este punto muchas cosas pierden su auténtica esencia.

Hablar de Ángeles, seres iluminados, presencias energéticas, maestros ascendidos, almas de luz y experiencias "especiales" con otras personas, me ha permitido descubrir que incluso **aquellas personas que se consideran poco "espirituales", pragmáticas, que rechazan cualquier referencia energética,** han tenido sensaciones e incluso algunas han sentido, de alguna forma, que hay unos seres de luz, presencias que de alguna manera nos acompañan, que no pueden explicar y están a nuestro alrededor, mueven energías.

"Todos sentimos en muchas ocasiones que tenemos presencias cercanas que nos guardan, nos ayudan y siempre están con nosotros, personalmente he identificado a mi padre y a mi abuelo en estos casos."

Recuerdo mi relación con mi abuelo materno, Tomás, algo único y especial, siempre que vuelvo la vista a mi infancia y adolescencia está allí, su figura aparece en mi mente como si fuera ahora junto a una sensación de amor y paz que me llega.

Compartiendo la música conmigo, también regañándome y por encima de todo, ofreciéndome su apoyo y su aliento, a veces simplemente en silencio, su única presencia era para mí un refugio muy especial.

Ese recuerdo me llena de increíbles sensaciones y buenas energías, verlo sentado en su sillón, siempre con la espalda erguida, ese porte de "señor", escuchando su música o viendo el futbol alteradísimo, momento ideal para meterme con él y hacerle rabiar jejeje.

Mi lugar a su lado en cualquier momento estaba entre sus piernas, sentada en el suelo, leyendo, pintando, jugando o simplemente viendo la tele, escuchando música.

Mi refugio, cuando me encontraba mal, cuando no quería hablar con nadie, ese momento en que solo quería esconderme o buscar protección, tenía muy claro que **a su lado siempre estaría segura.**

No tengo claro si realmente escapaba de algo o solo buscaba un sitio donde alejarme de todo y estar conmigo misma.

Falleció cuando yo tenía 15 años, recuerdo perfectamente la noche en que ocurrió.

Esa noche habíamos discutido y me fui a la cama castigándole sin darle un beso. Ya en la cama, algo en mi interior me dijo *"no te vayas a dormir sin despedirte de él, que sepa que le quieres por encima de todo".*

Me levanté de la cama, fui al salón y me senté en sus rodillas, lo abracé y le di el beso de buenas noches acostumbrado, a las pocas horas lo llevaron al hospital y murió.

Esta experiencia quedó grabada a fuego en mí, aunque las cosas vayan mal, discutas, te enfades, lo que sea que haya ocurrido, si quieres a alguien, díselo, deja que lo sepa, mañana tal vez no tengas la oportunidad de decirle TE QUIERO.

Cada día de mi vida antes de irme a la cama siempre doy un beso a las personas que amo y viven conmigo, haya pasado lo que haya pasado ese día, estemos como estemos.

Me es indiferente si han rechazado mi beso y se han indignado con el "te quiero", me es igual el disgusto que tuviéramos, mi libertad como YO, está en ofrecer esa muestra de AMOR y me da exactamente igual que haya respuesta o no, **mi amor está con ellos, "mañana, será otro día".**

El fallecimiento de mi abuelo fue la primera muerte, de alguien a quien amaba, de la que he sido consciente; muchos clics se hicieron en mi interior en ese momento, trabajar el desapego fue duro, sin embargo, me sentía en paz y conectada con él.

Aprendí mucho sobre la unión con el cuerpo terrenal y también sobre lo que nunca se pierde, aquello que siempre queda, la esencia, el recuerdo, la energía, la luz…

Tal vez mis experiencias de vidas pasadas se abrieron paso, aquello que todos traemos de lo aprendido atrás, esos "revés" que te da la vida, **lecciones que en función de cómo las aceptes te permiten CRECER o REPETIR de nuevo el problema.**

> *Algo en mi sabía perfectamente que no se había ido, aunque su cuerpo físico no estuviera ya aquí, no pudiera tocarlo, abrazarlo, besarlo, sentir su respiración, su calor, su olor…*
>
> *Sabía que de alguna manera él había pasado a otro nivel, que siempre estaría a mi lado, lo sentía, sabía que estaba ahí y que siempre, siempre, podría contar con él. Gracias por estar a mi lado.*

La muerte para mí a partir de ese momento tomó un cariz muy diferente, fui consciente de su existencia, un paso más en nuestro tránsito hacia más vidas, hacia el crecimiento en la energía, en el amor más increíble y sobre todo en **nuestro crecimiento como seres únicos.**

Al igual que nuestro cuerpo se extingue y se recicla en la propia naturaleza, *"polvo eres y en polvo te convertirás"*, nuestra esencia más pura, eso que podríamos denominar "alma", esa energía que nos inunda dentro el AMOR más puro e incondicional, simplemente **se transforma, cambia de estado para comenzar otro nivel, un camino diferente tras otro en continua evolución y experimentación.**

> *Cuando aceptas la MUERTE, uno de los grandes miedos del HOMBRE desaparece, el peso de la mochila se reduce considerablemente, el camino se vuelve mucho más ligero.*

Estas son mis creencias, no tienen por qué ser las tuyas ni debes aceptarlas como válidas, en este mundo en el que vivimos TODOS debemos decidir cuáles son nuestras propias creencias en función de lo que sentimos, de aquello en lo que **"deseamos CREER o NO CREER".**

> *He sentido en muchas ocasiones que la esencia de mi abuelo estaba a mi lado en los momentos difíciles, esa presencia me reconfortaba y me decía que no estaba sola, que podía luchar con fuerza, que él estaba conmigo.*

Sé que mi abuelo ha protegido en su infancia a mis dos hijas, es muy posible que en su ascenso haya solicitado bajar al plano terrenal como ser de luz que es, cumpliendo la función de Ángel de la Guarda de nosotras.

También he sentido en multitud de ocasiones otras presencias, llenas de amor y de luz, que no he identificado de forma específica y ahora puedo saber que eran posiblemente "Ángeles", maravillosos seres de luz y amor.

Aunque este libro no habla de maestros ascendidos y nuevas vidas, en cierta medida están íntimamente relacionados, ya que los seres de luz, Ángeles, maestros ascendidos, son **un TODO de la misma ENERGÍA**.

En un momento no muy lejano a este en el que estoy escribiendo este libro, siento y creo que mi abuelo ha tomado una nueva experiencia de vida y como siempre suele ocurrir, cerca de las personas de la última vida vivida.

Creo que no está muy lejos de mí, lo veo en esa persona, siento y sonrío cuando veo a mi hija pequeña actuar, recogerse, abrazarse a él, sentarse en su regazo, exactamente como yo lo hacía.

Cuando los veo jugar, siento su presencia, su amor y su energía.

Ya no siento su presencia como antes, porque realmente sé que parte de ella está integrada en esta "mi nueva vida", gracias EPI.

GRACIAS, lo siento, TE AMO, perdona.

Mi primera experiencia angelical

En este libro voy a tratar de forma expresa con esos seres que todos tenemos en la mente, los que llamamos "Ángeles", esas fuerzas de energía que tienen nombre y un añadido muy importante de simbología, así es mucho más sencillo identificarlos en tu mente y trabajar cualquier tipo de conexión.

Colores, geometría sagrada, nombres con significado, velas, esencias, rituales, cristales y oraciones.

Si has leído algunos de mis libros conocerás que mi experiencia personal con la energía, lo místico y todo lo que tiene que ver con esos caminos comienza cuando soy muy pequeña, sin embargo, mi experiencia angelical, al menos de forma consciente, comienza cuando estaba a punto de cumplir los 40 años.

En este primer encuentro con los seres angelicales, mi vida estaba en una situación crítica, en pleno divorcio y totalmente arruinada.

En muchos de mis libros te hablo de mis dos vidas, un gran salto al vacío que me ha llevado a este momento presente, momento en el que estoy disfrutando más que nunca de estar viva y ser feliz cada día, viviendo cada minuto, especialmente haciendo lo que amo y con aquellos a los que más quiero.

En ese punto de inflexión en el que todo se había desmoronado, tras 12 meses de situaciones surrealistas a todos los niveles, me encontraba en un momento muy delicado, para ser totalmente sinceros podríamos decir que tenía "un buen marrón".

En esta vida hay muchas facetas de vital importancia, la terrenal es una de ellas y la económica especialmente, debía hacerme cargo de todos los pagos y créditos para no entrar en listas de morosos e impagados, si no lo hacía podía perder mi trabajo en el Banco, una directora no podía salir en aquella lista, me jugaba demasiado.

Mi principal objetivo era conseguir mi libertad a nivel legal para poder hacerme cargo de todo y a nivel anímico, ser capaz de reducir el nivel de esa relación tóxica que había en mi vida, esa relación que no paraba de querer interferir en todo sin ocuparse de nada.

Estaban además ellas, esas dos niñas pequeñas y maravillosas a las que debía proteger de todo lo que estaba ocurriendo, alimentar, cuidar, educar, proteger, dar toda la atención y amor que necesitaban, estar a su lado mientras crecían.

Sola, sin amigos, ya que para que la gente dejara de perseguirme con preguntas de todo tipo, decidí que todos nuestros amigos siguieran siendo amigos de él, necesitaba paz y aunque pueda parecer extraño, hay caminos que se recorren mucho mejor en soledad.

Mi familia me daba apoyo moral, aunque nada práctico, al fin y al cabo, siempre he sido una mujer que tiene claro que hay que tomar decisiones y al final si quieres avanzar, tienes que decidir por ti mismo, **nadie va a hacer nada por ti**.

Había empezado a conocer gente, ya que la vida continua y es necesario abrir nuevos horizontes, avanzar de alguna manera, una de esas personas que acababa de llegar a mi vida fue la que me presentó a mis amigos los Ángeles, gracias a Epi.

Para ti mi Amor, gracias por todo lo que me has enseñado y lo que me has permitido crecer como persona, GRACIAS.

Contarte pues, que mi primera experiencia con los Ángeles fue diríamos casual, aunque si me atengo a que la casualidad no existe sino la "causalidad", pues eso, que tenía que ser así.

Esa persona con la que me inicié de forma profunda en este mundo de la meditación me enseño mucho sobre la energía, sobre todo mi invitó a descubrir toda la que ya estaba dentro de mí, a explorarla, amplió mi videncia, la escucha de mi YO personal.

Hacer un **contacto con los Ángeles** de una "determinada manera", me diría si estaba o no limpia de cualquier influjo del bajo astral.

"Toma una vela rosa y una azul claro, colócalas encendidas delante de ti, entre las dos velas coloca la estampa del Ángel que has elegido y sitúa delante unas flores en señal de ofrenda.

Escribe en una hoja una afirmación o alguna oración en la que solicites conectar con el Ángel que has elegido y pide a la Divinidad o a Dios, que abra tu espíritu al mensaje que debes de conocer.

Luego, me escribes y me cuentas como te ha ido"

Por supuesto mi capacidad de explorar nuevos territorios y tener experiencias se puso en marcha, no tardé demasiados días en encontrar los materiales que me habían pedido para tal fin, una vela rosa pálido, otra de color azul cielo, una o varias flores blancas y una estampa con el Ángel que yo decidiera.

Si has leído mi libro de **"Rituales y Magia Blanca. Buscando a tu bruja interior",** ya sabes que desde el momento en que comienzas a buscar los materiales y preparar el detalle del ritual, ya estás comenzando el proceso energético, es el primer paso del camino que hay que recorrer, parte muy importante del proceso.

"La búsqueda, es parte del ritual"

Encontrar las velas fue un trabajo sencillo, suelo tener de muchos colores, encontrar la estampa de un Ángel, era otro cantar.

Busqué donde encontrar algo similar y solo se me ocurrió un lugar, una tienda esotérica, ese tipo de lugar donde venden péndulos, tarot, cristales…

Hum… estaba de suerte, habían abierto una hacía poco tiempo cerca del pueblo donde vivía, en realidad la había visitado nada más abrir, en esa primera visita encontré una baraja de tarot muy especial, aunque realmente ella me encontró a mi… aunque esa historia te la contaré en otro momento, ya que es parte de otro libro.

No había muchas imágenes de Ángeles disponibles en aquella tienda, estampas pequeñas y clásicas, no se parecía en nada a la idea que yo me había hecho sobre lo que iba a encontrar, desde luego no era la de esas estampitas de los santos y vírgenes que había en mi casa cuando era pequeña.

También hay que tener en cuenta, que mis conocimientos sobre aquellos seres celestiales eran más bien escasos, por no decir nulos.

En mi mente estaba encontrar Ángeles con alas de algodón blanco, similares a los querubines, con ojos llenos de amor y no, lo que tenía delante de mí… ¿de dónde habían salido aquellos Ángeles con espadas y fuego?

Los miré detenidamente y me dejé llevar, compré dos, en mi bolso ya estaban la estampa de Gabriel y Uriel, más adelante, entendí porque los elegí o más bien ellos decidieron venirse conmigo.

Aunque pueda parecer raro, lo que más dificultades me supuso fue encontrar las flores.

Si en Europa comprar flores es como comprar el pan, en España, país de clima envidiable donde los haya y donde todo florece, las flores son caras y hay pocos sitios para comprarlas.

En aquel entonces vivía en un pueblo circundante a Madrid, era puente creo recordar, así que debía desplazarme a algún sitio y confiar en que alguna floristería o centro comercial grande estuviera abierto.

> *Encontré un ramillete de margaritas blancas, el blanco puro de estas flores, su sencillez y la armonía de la geometría sagrada que se encuentra en la colocación de sus pétalos, podía ser muy especial.*

La siguiente parte de las instrucciones que me habían dado para hacer la conexión con los Ángeles eran muy sencillas:

> *"Busca un momento en paz y elige un lugar en el que puedas estar tranquila y nadie te moleste durante un tiempo."*

El momento era sencillo de encontrar, mis hijas iban a pasar el día con su padre, así que busqué mi lugar especial en casa; en mi proceso de trabajo con Feng Shui había convertido la buhardilla en mi dormitorio, uno de los lugares con mejor energía de la casa.

Tras un buen feng shui urgente, ubicar la cama en su mejor posición de poder, distribuir el espacio correctamente y pintarla de verde, se había convertido en mi lugar de regeneración a todos los niveles.

Busqué la zona más energética, por lo que tomé como referencia una de las mejores orientaciones de mi número de energía personal, el Este. ([1])

Puse en silencio el móvil y lo coloqué cerca, me senté en el suelo y preparé mi altar al completo, había impreso un símbolo para dar energía a la ceremonia.

¿Tal vez te preguntas cual era ese símbolo?, siendo maestra de feng shui opté por uno de los más poderosos, *"el nudo místico"*, lo coloqué debajo de las imágenes de los Ángeles.

Redactar la afirmación también era parte importante del trabajo, en este caso sabía que necesitaba una afirmación que fuera sencilla de recordar, para poder repetirla como si de un mantra se tratara, así lo hice.

> *"Querido Ángel te pido que permitas e intercedas con la Divinidad y en la Luz, para que llegue a mí el mensaje que he de recibir, por ello te doy gracias, si es así, así es y será."*

Debo reconocer que posteriormente fui modificando la frase al irla repitiendo como un mantra, acabó ajustándose a lo que mi interior indicaba que debía "decirle" a mis Ángeles.

Cerré los ojos y comencé a respirar profundamente, como se hace cuando vas a acceder a la relajación mindfulness o entras en meditación, tomas aire, hinchas el abdomen y te haces consciente de tu propia respiración, paras un momento y sueltas poco a poco el aire, así, hasta un mínimo de diez veces, en ese momento comencé a recitar mi invocación.

---

[1] Ver www.fengshuicrecer.com número KUA.

Recuerdo aquella primera conexión con los Ángeles como un momento único, muy especial e intenso que pocas veces se ha repetido en mi vida, a pesar de haber tenido muchas "experiencias energéticas" podríamos decir que similares.

Sentía mucha energía, frio y calor, mientras repetía la invocación mis manos iban pasando de una vela a otra, hasta que se centraron en las imágenes de los Ángeles, visualicé entonces una luz brillante y una corriente de calor que iba a través de mis manos hacia mi cuerpo, hacia mi plexo solar, coloqué las manos sobre mi pecho.

Desperté tumbada en el suelo, debió pasar más de una hora desdé que comencé la conexión.

La vela rosa estaba apagada y completamente derretida, se había ido derramando por un lado formando una especie de flor ovalada, la vela azul seguía encendida, estaba en perfecto estado, a mi lado había una mariposa de color blanca muerta.

Algo murió dentro de mí en aquella conexión angelical y supongo que dejó espacio para todo lo que estaba por llegar, me sentía plena, en paz, llena de energía y luz, sabía que estaba preparada para todo lo que venía.

Aunque no sabía cómo, cuando, ni de qué forma se iban a desarrollar los acontecimientos, algo en mi interior contenía la confianza necesaria; de alguna manera, sabía lo que iba a tener que hacer en cada momento, solo debía confiar y todo saldría bien, te puedo asegurar que era mucho lo que tenía por delante.

A partir de aquel momento, **he conectado muchas veces con mis Ángeles, seres de luz y maestros**, no siempre han sido los que elegí en aquel momento, en ocasiones ni siquiera me he referido a ninguno en particular, a veces simplemente los convoco o los nombro, recibo sus señales a través de los números, de las horas espejo, de plumitas que aparecen sin sentido, suaves tintineos, sé que siempre hay uno a mi lado.

Decirte que tanto los Ángeles, el Feng Shui, la meditación, la energía, el Reiki, los oráculos diversos, el trabajo con vidas pasadas, el Tarot, todas estas herramientas me han acompañado durante este tiempo y puedo decir que mi vida, tanto personal, profesional, económica, familiar y de pareja, es totalmente plena y satisfactoria.

Mi libro **"Una vida extraordinaria"** forma parte de ese resultado, otro libro que me hubiera gustado tener, así que lo escribí, un camino hacia esa vida que todos deseamos y merecemos, un auténtico tratado de como utilizar la energía y hacerla TUYA.

Una guía a la recurro de forma habitual para recordar, recordar todo aquello que ya sé y olvido en muchos momentos del camino.

Una Vida Extraordinaria. "Las 8 llaves de Poder". (puedes acceder con este código)

Gracias queridos Ángeles, seres de luz, guías y maestros ascendidos por estar siempre a mi lado, por abrazarme y envolverme en la paz, en el amor, por darme la fuerza que necesito en cada momento.

Gracias por guiarme cuando estaba a oscuras hacia la luz verdadera.

Os amo. Gracias.

Cuando llegó el momento preciso preparé herramientas para trabajar con los Ángeles, me formé, investigué, experimenté y contacté con diversos terapeutas y angeólogos, compartí experiencias y prácticas con amigos y gente que habitualmente se relaciona conmigo, personas al igual que tú, encantadas de probar nuevos caminos hacia el crecimiento personal, espiritual y la energía en todos los grados, posteriormente mi amiga Mármara me dio la oportunidad de hacer con ella un oráculo angelical para su web.

Ahora os lo entrego a todos vosotros a través de este libro, si aceptas sentir su llamada podrás profundizar en éste camino angelical de la conexión y la energía, el camino del Amor INCONDICIONAL.

A partir de estas líneas vas a encontrar información sobre los Ángeles al completo, información muy similar a la que encontrarías en un Curso para ser terapeuta angelical, aunque mucho más práctica y menos histórica.

Cómo canalizar tu energía, conectar y recibir esa ayuda angelical de diversas formas, descubrir cómo funcionan, quienes son; comunicarte con ellos es un camino fascinante, estaré encantada de presentarte a los más poderosos.

22 Ángeles poderosos con contenido específico para trabajar de forma personal, recibir sus mensajes, canalizar su luz, su rayo de energía, aceptar sus dones y tener la capacidad de conectar con ellos con sencillos rituales e invocaciones.

Para ofrecerte una experiencia completa he buscado una persona que hiciera una imagen de cada uno de ellos, con sus colores y símbolos más relevantes, aunque hay muchas imágenes en la red he preferido tener los derechos de propiedad de estas imágenes y de alguna manera personalizar las características de cada Ángel, las encontrarás en blanco y negro en las páginas de este libro y…

Podrás descargar las 22 imágenes a todo COLOR en formato tarjeta para imprimir, totalmente GRATIS solo PARA TI en el capítulo "Cómo funciona este libro".

Estas tarjetas te ayudarán en los diferentes trabajos de conexión y canalización, a través de ellas podrás conocer cuál es tu Ángel en este momento, por qué ha llegado a tu vida y para qué.

El juego de tarjetas es como una especie de Oráculo, puedes utilizarlas también para analizar la situación actual y recibir consejos.

Este tipo de herramientas es muy útil, nos ayudan a conocernos mucho mejor, a **hacernos conscientes de cómo estamos en cada momento, a mostrarnos esa parte que "no queremos ver" y que realmente pugna por salir al exterior para poder sanar y avanzar en el camino.**

Descubrir los dones que puedes recibir de ellos te ofrece un apoyo para confiar y creer, especialmente en TI, porque TODO es posible, si esa, es tu firme determinación.

Pon en tu Vida un Ángel.

Da siempre las gracias, a partir de este momento, **serán parte de TU VIDA.**

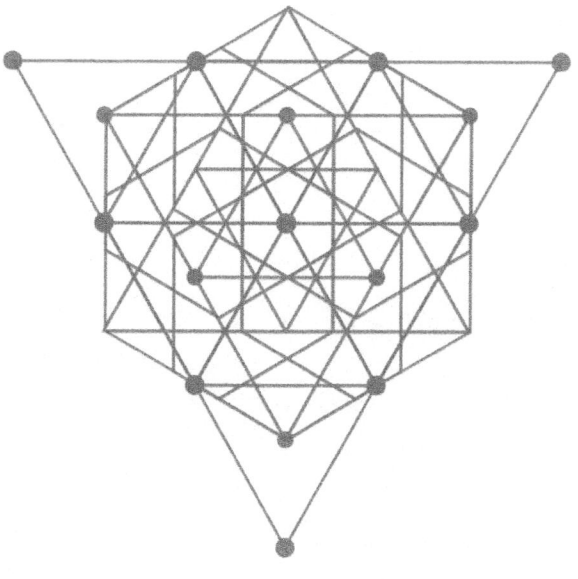

Cómo funciona este libro

He diseñado este libro para que sea un **completo manual angélico, práctico, enfocado al desarrollo personal y a la sanación a todos los niveles.**

Me encanta que quieras conocer a los Ángeles y seres de luz, como son, su forma de comunicarse con nosotros y como realizar las conexiones energéticas de tipo angelical destinadas a recibir tanto mensajes como sanación.

- ❖ Que son, como son, visión angelical.
- ❖ Aprendiendo a conectar con la luz, primeros pasos
- ❖ Cosas de Ángeles, tipos de señales y mensajes
- ❖ Técnicas para conectar.
- ❖ Oráculos y Cartas de Ángeles
- ❖ Guía de Ángeles y sus mensajes
- ❖ Guía para la sanación angélica.
- ❖ Canalizando la luz, conectando. Sanación con los Rayos de Luz.
- ❖ Rituales de cumpleaños con tu Ángel

Aquí puedes descargar el fichero con el oráculo de los Ángeles y audios que complementan este trabajo angelical, espero que te disfrutes con ellos.

https://www.isabelsanchezrivera.com/descarga-angeles-conectando

01:10

Ángeles

Los Ángeles, las referencias a estos seres de luz se hayan dentro de muchas tradiciones, la mayor parte de ellas de tipo religioso como son el cristianismo, el islam, el judaísmo e incluso hay referencias a seres similares en el hinduismo.

Cuando hablamos de Ángeles imaginamos seres alados, andróginos, es decir **sin sexo definido y rodeados de luz**.

Te voy adelantando que pueden o no tener alas, todo depende de cómo los configures en tu mente, lo que si te diré es que ciertamente son energías, **esencias muy poderosas cuya misión es interceder entre lo divino y nosotros, lo terrenal.**

La misión de los Ángeles es ayudarnos y acompañarnos como guías en la vida, velan por nosotros y son excelentes para alejar las energías negativas.

Una herramienta muy útil y bella para conectar con tu propio YO, tu esencia más pura.

Una vez que conectas con los Ángeles, siempre están contigo, **recibes sus señales cada día, iluminando tu vida, aportando alegría, juegos, serenidad y tranquilidad, especialmente si los invocas.**

Los Ángeles traen dulces sueños y premoniciones, están a tu lado, en casa, en el trabajo, con tu familia, mientras conduces el coche, siempre rodean a los niños y personas frágiles, son perfectos y llenos de fuerza, son todo amor y luz.

Los ángeles son la más pura energía, el AMOR

Muchos de vosotros seguramente optareis por la versión más sencilla de los Ángeles o tal vez podríamos denominarla mística, espiritual, ya que estos seres de luz forman parte de nuestra cultura, civilización y en mayor medida de creencias y ritos religiosos, es totalmente aceptable y este libro te dará una visión mucho más amplia en este sentido.

Si bien, me gustaría enseñarte el aspecto más energético de estos seres de luz, fuera de creencias y religiones, **ver y sentir a los Ángeles como ESENCIAS de ENERGÍA, como canales energéticos y herramientas para el desarrollo personal.**

Una potente herramienta que te permite vibrar a un nivel superior, conectar con tu ESENCIA más íntima, la más pura, sensible y emocional.

Todo y todos somos ENERGÍA, el Universo, nuestro universo mental, físico y espiritual está lleno de energía.

Energía que es el Éter creador, donde todo lo que puedes imaginar es posible de crear, los Ángeles están dentro de ese Universo energético.

"la conexión entre lo humano y lo divino"

Los Ángeles, son **pura energía del Amor a su más alto nivel**, esto permite que muchas personas sean capaces de trabajar con ellos de forma más sencilla su crecimiento y desarrollo personal, **se sienten protegidos, cómodos y aceptados en este universo de seres de luz.**

Un Universo angelical donde NO SE JUZGA ni se oprime, sencillamente se ACEPTA, se acompaña y se guía.

Solicitar la ayuda de los Ángeles

Si bien los Ángeles están a nuestro lado, si solicitas su ayuda todo es mucho más rápido, siempre puedes invocarlos en caso de dudas o dificultades.

El mensaje de los Ángeles siempre es directo, conocerás lo que debes saber para solucionar tu situación y siempre que los invoques te enviarán su energía especial para ayudarte a resolver los problemas.

Esto no es una pastilla mágica, ellos te ayudarán en la aceptación, en el proceso de superación de cada dificultad, que son pasos necesarios en tu camino, en el cual estarán **encantados de acompañarte y ayudarte para empujarte hacia la acción.**

Hay una REGLA DE ORO y esta es inquebrantable, es exactamente la misma que funciona en todo el Universo, los Ángeles son ENERGÍAS, así que se rigen también por las Leyes de la Energía, los 7 principios del Universo. *(más referencias en el libro "Una Vida Extraordinaria. Las 8 llaves de Poder")*

LIBRE ALBEDRÍO ¿Qué quiero decir con esto?

Los seres de luz, los Ángeles, **nunca intervienen por decisión propia**, respetan de forma profunda los mandatos de la energía.

Es por esta ley inquebrantable que los seres de luz, guías, maestros ascendidos y Ángeles **NUNCA van a actuar en contra de nuestras decisiones, aunque lo necesitemos y de palabra lo solicitemos.**

Uno de los principios para transformar nuestra vida, para atraer lo que queremos utilizando de forma correcta la ley de la atracción y la energía creadora, es **asumir el 100% de nuestra RESPONSABILIDAD.**

En todos mis libros te hablo de ello:

Todo lo que ocurre en tu vida es porque tú lo has atraído, eres el único responsable de lo que tienes, solo **aceptando la completa responsabilidad de tu creación, puedes ser capaz de encontrar la oportunidad que encierra.**

Como tú eres el creador de tu vida, solo tú puedes cambiarla.

> "Tu realidad es tuya, tus pensamientos crean tu realidad. Eres el creador de la realidad que te rodea, absolutamente TODA."

Si decides comenzar este trabajo angelical y en tu interior estás negándote ser feliz, a tener dinero, a que el amor esté en tu vida, a tener éxito... ya sea consciente o inconscientemente, no funcionará.

De igual forma si comienzas a trabajar con ellos **desde la palabra en negativo, no puedo, no conecto, no veo, no sé, no me escuchan, no responden... es importante que aprendas desde YA, que el Universo te da lo que pides.**

> La Magia de las Palabras, si tu vocabulario en este trabajo angelical parte de ese "no puedo, no conecto, no veo, no sé, no me escuchan, no responden...", ciertamente eso es lo que tendrás.

Marca estas palabras del libro con un rotulador de esos de colorines fosforescentes, cuando dudes, vuelve a leerlas, una y mil veces, tus palabras son MAGIA PURA, para bien o para mal.

Si aceptas tu parte del **100% de responsabilidad** y utilizas este trabajo angelical para hacer esa transformación, esa **aceptación y cambio hacia lo que deseas**, estos seres llenos de luz y energía serán una perfecta herramienta que te ayudará en el proceso.

Aunque inconscientemente no estés preparado para que vengan determinadas cosas a tu vida, te irás preparando para hacer los cambios de creencias necesarios, para **ser consciente del punto en el que te encuentras y ACEPTAR, para así, avanzar en el camino hacia esa VIDA EXTRAORDINARIA** que realmente deseas.

> Si no crees en lo que estás haciendo y partes de la negación, es mejor que utilices tu tiempo en algo que tal vez te aporte y seas capaz de ver en positivo.

Por cierto, con respecto a la intervención libre de estos seres, hay una única excepción y es cuando una vida corre peligro y no ha llegado el momento de partir, en ese caso intervienen para impedirlo.

888

Hay muchos casos de personas que estando en peligro han sentido una presencia a su lado, un Ángel que los salvó.

¿Existen los Ángeles?

Si has comprado este libro pretendiendo encontrar hechos comprobados de que los Ángeles existen, creo que puedes devolverlo, esto no es matemáticas, física o química, aquí vamos a trabajar con la energía del AMOR, esa energía que no puede encerrarse en un frasco o analizar en el microscopio.

La existencia de los Ángeles y seres de luz, es un acto de fe, o se cree o no se cree.

Si observamos el orden del Universo, podríamos pensar que de no existir los Ángeles se genera un vacío entre la conexión de los humanos y la Divinidad o la Energía Universal.

Tomemos las referencias a Ángeles y seres de luz a nivel histórico, estas se hacen patentes en numerosos documentos, imágenes, figuras, unos más antiguos y otros más modernos.

A lo largo de la historia de la humanidad, religiones, tradiciones y tratados, el antiguo Egipto, la religión hebrea, el judaísmo, la Biblia, la Cábala, el Islam y por supuesto, el cristianismo y las diferente Iglesias, escrituras sagradas y testamentos, tanto en los oficiales como en los que no quieren que conozcamos como pueden ser los apócrifos, todos ellos están llenos de referencias de seres de luz.

> En todo este tipo de referencias de carácter bibliográfico se habla no solo de la presencia de estos seres especiales, sino también de sus intervenciones con nosotros, con los humanos.

Hay pinturas de todo tipo, mitos, leyendas, adornos y estatuas de estos seres llenos de "luz divina", infinidad de relatos en los que se habla de su aparición a los humanos y los mensajes que han trasmitido.

Textos de Sumeria, Egipto, Babilonia, Persia e India hablan y dan validez a la existencia de unos seres con alas, llenos de luz y que son mensajeros de los Dioses.

> *Hay una estela sumeria en una columna de piedra, en la que se representa a un ser alado que habita los siete cielos vertiendo el "agua de la vida" sobre la copa del Rey.*

El zoroastrismo es el origen en cierta medida de la mayoría de las religiones actuales, está basado en la dualidad, por lo que cuentan con 7 Ángeles buenos, los *ahuras* y 7 Ángeles malos o *daevas*.

En los libros de Enoch se hacen descripciones completas sobre ellos, algunos de estos fragmentos están entre los pergaminos del Mar Muerto.

Por otro lado, tenemos la Cábala, que se encuentra integrada dentro de la tradición mística judía, es sin lugar a dudas **una de las fuentes que más detalles tienen sobre los Ángeles**.

> La Cábala nos habla de que Dios, Jehová, enseñó la Cábala a los Ángeles, a modo de ejemplo podríamos hablar de que el Arcángel Raziel fue el que entregó esta sabiduría en forma de libro a Adán y Eva cuando fueron expulsados del paraíso.

En el antiguo testamento hay muchas referencias a los "seres de blanco", como también se les nombra, en ellas se les describe con cuerpo similar al humano y vestidos de lino blanco, este ropaje era un símbolo de inmortalidad.

En la tradición judía que tiene más de 3.500 años se encuentra la *Torah*, el libro más importante para los judíos, en él aparecen Abraham o Moisés que tuvieron diferentes encuentros con Ángeles, el maná que alimentaba a los israelitas en el desierto era el "pan de los Ángeles".

> Los judíos tomaron muchas de sus referencias de la antigua Babilonia, inspiración de los textos de Zoroastro, es posible que muchos Ángeles de la tradición judaica sean dioses babilonios adaptados, ya que las referencias judías son semejantes a los relieves hallados que simbolizan seres alados guardando templos y custodiando objetos importantes.

No olvidemos a muchos personajes relacionados con intervenciones angelicales como Jacob, Lot, Sansón, Daniel, Noé y muchos otros.

¿Sabías que también hay referencias a los Ángeles en la cultura Celta?

Para los celtas existía el símil del Ángel de la Guarda, le llamaban *Anamchara*, para los celtas los Ángeles y seres de luz estaban **cerca de las personas que evolucionaban espiritualmente, se convertían en auténticos guardianes**.

Estos *Anamchara* son en cierta medida "tótem", referencias para el trabajo evolutivo y espiritual de los Celtas.

> Los Ángeles celtas tienen niveles, similares a la jerarquía que posteriormente dio la Iglesia a estos seres angélicos, para conectar con aquellos que habitaban en la tierra se recomendaba utilizar técnicas de conexión, en ese sentido daban mucho valor a la naturaleza, algo muy celta, bosques, árboles, cascadas de agua y lagos.

Muchos escritos que hacían referencia a los Ángeles fueron relegados en los diversos concilios que han concurrido en el seno de la Iglesia Católica al no incluirse en la redacción del Antiguo y Nuevo testamento actuales, a pesar de ello los Ángeles Miguel y Gabriel fueron mencionados en él y hay una mención expresa a Rafael en el conocido como libro de Tobías.

La religión cristiana, aunque no en todas sus vertientes, da como válida la existencia de los Ángeles, estas figuras están de alguna manera aceptadas de forma convencional por el mundo occidental siendo parte importante de muchas esculturas, pinturas y decoración eclesial.

La Iglesia Católica es la que de alguna manera nos hace llegar la idea de que todos tenemos un Ángel que nos tutela por decirlo de alguna manera, el llamado "Ángel de la Guarda", es también quien crea la jerarquía angelical con las diferentes líneas y divisiones de los tipos de Ángeles, sus poderes y su cercanía a Dios.

El Catecismo de la Iglesia Católica nos dice (CIC 328)

> "...la existencia de seres espirituales, no corporales, que la sagrada Escritura llama habitualmente Ángeles, es una verdad de fe."

La Sagrada Escritura los presenta como criaturas de Dios:

> "Porque en él fueron creadas todas las cosas, en los cielos y en la tierra, las visibles y las invisibles, los Tronos, las Dominaciones, los Principados, las Potestades: todo fue creado por Él y para Él" (Col 1, 16)

La concepción de Jesús fue anunciada por uno de estos seres de luz, el Arcángel Gabriel, el mismo que habló con la prima de María, Isabel, para anunciarle el nacimiento de su hijo Juan el Bautista, posteriormente aparecen diferentes Ángeles en el Nuevo Testamento.

Un Ángel es quien avisa a los Reyes Magos -tras presentar sus ofrendas al hijo de Dios- de que no dijeran a Herodes lo que habían visto.

No olvidemos **el Ángel que lleva calma y consuelo a Jesús en el huerto de Getsemaní** antes de ser prendido para ser crucificado o el que se aparece a los discípulos para anunciarles que su maestro ha resucitado.

> El libro del Apocalipsis tiene un gran número de referencias sobre los Ángeles, claman, tocan trompetas, llevan mensajes y son portadores de copas, suben y bajan entre el cielo y la tierra, están en los puntos cardinales de la tierra o bien sentados junto al trono del Altísimo.

¿Alguien no tiene en su mente al Ángel caído? Cuando hablamos del demonio o Satanás, el Diablo, Lucifer, siempre se hace referencia a él, el Ángel que quiso ser como Dios y fue castigado por ello.

La Iglesia católica toma a este Ángel convertido en demonio como el enemigo de Dios, el que castiga y nos hará sufrir en su reino del infierno, el que nos empuja a pecar, aquel con quien hay que luchar para ir al Cielo, un excelente prototipo de a quién echar las culpas y sobre todo saber qué y a quien debemos temer si no cumplimos los preceptos que ellos han dictado como válidos.

El Islam tiene también su Ángel caído, As-Shaitan, ¿observas cierta similitud con el nombre de Satán?

No obstante, si nos centramos en la parte energética de esta idea, nos encontramos con que nada en este mundo es bueno o malo, sino los extremos de una misma esencia, lo que se conoce como **"principio de polaridad"**.

Un Diablo, un demonio, un Dios que ejecuta y castiga es necesario para poder dar un valor al otro extremo, es decir al Dios bueno del que nos hablan la mayoría de las religiones existentes en cada momento de la historia de la humanidad.

> "Amo la Luz porque me muestra el camino, amo la oscuridad porque me muestra las estrellas."

La Iglesia desde su origen ha ido incorporando ritos paganos y de otras creencias para aunar de alguna manera las creencias del pueblo y hacerlas suyas, San Valentín o el día de los enamorados, la misma Navidad… y por supuesto no ha olvidado a los Ángeles, incluso les ha dedicado dos días al año.

Teólogos y estudiosos de la religión han escrito sobre este tema, de ahí por ejemplo surge lo que se conoce como jerarquía angélica, detalle que veremos un poquito más adelante, uno de los más importantes en este ámbito es Tomás de Aquino.

Voy a darte algunas referencias bíblicas que responden a determinadas preguntas, curiosidades con respecto a estos seres alados de luz.

> *En los comienzos del arte religioso se representa a los Ángeles con forma humana, sin embargo, las alas no aparecen hasta el siglo V, el significado de las mismas era representar lo rápidos que eran en hacer la voluntad divina y en trasportarse de un lugar a otro sin ninguna dificultad.*

La religión islámica tiene una importante tradición con los Ángeles, ya que los mencionan en numerosas ocasiones y la creencia en los Ángeles en uno de los pilares de la fe islámica, toma muchas referencias del judaísmo y el cristianismo, ya que es posterior.

Jibril, Jabra'il (en árabe), es el conocido **Arcángel Gabriel**, él fue quien dictó el Corán a Mahoma y quien le acompañó por los distintos niveles del cielo hasta llegar ante el trono de Alá.

También en el Islam se habla del Arcángel Miguel (Mikal), e incluso de Izrael, el Ángel de la muerte cuyo nombre es Azrael en la religión cristiana.

La inspiración del Nuevo testamento de San Juan en el que se habla de cuatro Ángeles que ser representan mediante un hombre, un toro, un león y un águila se corresponde con los cuatro Ángeles que portan el trono de Alá.

> *De forma general los Ángeles de la tradición islámica son enormes y tienen alas muy grandes e historiadas, son muy bellos, el número de Ángeles en el Islam es ilimitado, ya que solo Alá lo conoce.*

¿Crees que los budistas no cuentan con sus propias referencias a los Ángeles?

Precisamente los budistas son los que añadirían a la palabra Ángel la acepción de **"ser de luz", para ellos los Ángeles son seres iluminados que han pospuesto de alguna manera su entrada en el Nirvana para ayudar a los humanos** a encontrar el camino propio hacia la luz, hacia la iluminación.

> *Los hinduistas no cuentan con Ángeles con ese nombre propiamente dicho, sino que en su lugar cuentan con seres alados, llenos de luz que cumplen funcionen similares a las que podríamos decir que cumplen los Ángeles, acompañar, guiar, proteger, dar mensajes.*

Hay una clara referencia a los Ángeles en relación al nacimiento de Buda, cuando es concebido, su madre es transportada al Himalaya por cuatro Ángeles, otros Ángeles portadores de espadas la custodiarán hasta el nacimiento de Buda, donde a su vez otros cuatro Ángeles la asistirán.

Se les conoce como *dharmapalas* y en budismo tibetano como *devas*, son seres angélicos y a su vez protectores del *dharma*, suelen aparecerse en forma de luz.

A nivel histórico y religioso como ves hay multitud de referencias de contactos y visiones con los seres angelicales, siempre portadores de un mensaje clave, con la protección o revelaciones.

En la historia moderna también hay muchas historias relacionadas con Ángeles, visiones y conexiones en la luz que muchos llevan en privado, ocultas **para no ser motivo de miradas ajenas o por temor a lo que otros puedan pensar de ellos.**

Acontecimientos que son parte de la experiencia del día a día de muchas personas como tú y yo, momentos en que un Ángel les acompañó en ese tránsito especial.

Historias amorosamente recogidas por esos colectivos de personas que se unen para formar grupos de creyentes en seres angelicales o protectores del conocimiento angelical.

Contactos en hospitales, transiciones, momentos de desesperanza auténtica en los que el miedo y la soledad se instalan a nuestro lado.

Existe muchísima literatura e información de todo tipo en relación a los Ángeles, por lo que si te gusta el tema te invito a profundizar en ello, hay mucha información relevante en internet.

¿Quiere todo esto decir que realmente existen los Ángeles?

Bueno, hay quien piensa que porque algo está en Internet y aparece en Google es verdad, más aún si está escrito en un libro o como es el caso de los Ángeles, en muchos y muy importantes para millones de personas como es la Biblia, la Cábala y otros.

¿Existen realmente los Ángeles?

Esta es una pregunta a la que solo puedes responder TU, decidir si deseas utilizar esta herramienta de conexión espiritual y crecimiento personal, hacerla tuya.

Una vez tomada la decisión puedes ponerle la forma y nombre que desees, porque...

¿Cómo son los Ángeles?

Si has decidido continuar con esta lectura es posible que la energía que desprenden estos seres de luz haya tocado alguna fibra en tu interior y estés en disposición de continuar en este camino de la energía angelical.

También es posible que desde que este libro llegó a tus manos hayas comenzado a ser consciente de las famosas "horas espejo", secuencias numéricas; tal vez sientas olores a flores o dulce, aparezcan plumas, se acerquen a ti las mariposas o escuches tintineos de campanitas cuando no hay brisa.

Los Ángeles son pura esencia de Energía, su forma de expresarse es energética, ya sea en acciones, emociones o hechos, no es muy probable que aparezca una figura alada para darte un mensaje escrito en un papel, aunque nunca se sabe.

En cierta medida su forma de comunicarse es más "casual", aunque como bien sabes la casualidad no existe, realmente en este caso es donde vas a entender y mucho, de lo que se llama "causalidad", es decir, lo CAUSAL.

La forma en la que nuestra mente ve a los Ángeles es directamente proporcional a la de nuestras creencias sobre ellos, lo que hemos visto desde que éramos pequeños, pinturas, esculturas, dibujos.

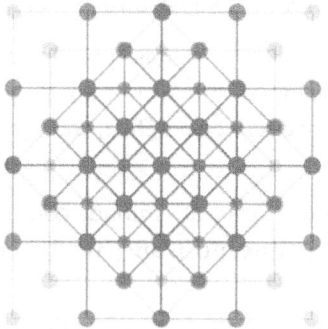

Al igual que las escrituras nos hablan de cómo se crea el Universo y la Tierra, Adán, Eva y el Paraíso, Noé y el arca, para que de alguna manera podamos entender cómo se forma el TODO y cuál es el origen, con los Ángeles ocurre exactamente igual.

Uno de los trabajos que más me apasiona es trabajar la Biblia como tratado metafísico de la Energía, entiendes que el mensaje siempre estuvo y siempre ESTÁ delante de nosotros.

Cuando quieras ocultar algo, nada mejor que ponerlo bien a la vista.

En la Biblia se indica que los Ángeles son seres espirituales es decir energéticos, sin cuerpo físico (Hebreos 1:14), sin embargo, cuando se hace posteriormente referencia a ellos en los encuentros con los humanos se habla de que su forma física es similar a la de un humano, incluso pueden tomar un cuerpo físico.

En otro sentido nunca se habla de que tengan un sexo definido, aunque siempre tienen un punto, ya sea más masculino que femenino, o viceversa, esto tiene que ver con la cultura hebrea en la antigüedad.

Como seres energéticos pueden o no tener una forma al uso, manifestarse como brotes de luz o en fenómenos atmosféricos o naturales, plantas, animales, etc., por ello también cuando nos vamos a las referencias bíblicas nos encontramos con que "infunden temor" y su saludo inicial es "no temáis".

Una de las descripciones bíblicas más completas al respecto se encuentra en el libro de Daniel (10: 5-6)

> "Y alcé mis ojos y miré, he aquí un varón vestido de lino con un cinturón de oro refinado. Su cuerpo era cómo de berilo, su rostro parecía un relámpago y sus ojos como antorchas de fuego. Brazos y pies como de color bronce bruñido y el sonido de sus palabras como el estruendo de una multitud."

El Ángel que aparece en la tumba de Jesús cuando ha resucitado también tiene una descripción ciertamente especial. (Mateo 28:3)

> "Su aspecto era como un relámpago y su vestido blanco como la nieve"

Los Ángeles son criaturas espirituales, creadas por la divinidad, seres de luz, maestros ascendidos, personas que han vivido a nuestro lado y que la divinidad les ha permitido quedarse en esta forma, en la pura esencia energética, trabajando a las órdenes de la divinidad y ejecutando sus órdenes.

Cada Ángel forma parte de la esencia de la Divinidad, con una inteligencia superior a la de los humanos, tienen **poderes y virtudes que utilizan para hacer el bien** y crear la armonía en el Universo.

No hablamos en este caso de una inteligencia de tipo mental, analítica, matemática, sino de esa otra inteligencia que es la emocional, la del **DESPERTAR de la consciencia y la elevación de nuestra alma, la claridad que otorga la COMPASIÓN.**

Los Ángeles conocen a los humanos, algunos de ellos fueron como nosotros, por eso conocen nuestra esencia y pueden guiarnos en nuestro camino, **ellos ya han tenido esa experiencia por lo que su ayuda nos permitirá avanzar mucho más rápido.**

Seres llenos de luz y amor, encargados de trasmitirnos el conocimiento y el pensamiento, de iluminarnos en el camino, hacer de guía, inspirarnos y acompañarnos tanto en esta vida, como en vidas anteriores o futuras.

> La energía angelical puede sanar a los humanos, física, mental y espiritualmente, nos ayudan a alejar la oscuridad tanto propia como la que recibimos del exterior.

La morada de los Ángeles es lo que se conoce en muchas religiones como cielo o paraíso, un lugar donde la felicidad y el amor incondicional une las almas maestras y seres celestiales, cada uno puede identificar este lugar como un UNIVERSO de LUZ diferente.

Si nos salimos de ese lugar idílico, llamado paraíso, que han creado para que podamos de alguna manera identificar lo que hay después del mundo terrenal, llegamos a la comprensión de que los

Ángeles son parte del Universo creador, de **la esencia más pura de la Energía, viven en el nivel más alto de vibración, el AMOR.**

Estos seres amorosos y bellos no necesitan realmente que creamos en ellos o que intentemos conectar, están a nuestro lado siempre pendientes de nosotros, ofreciendo su ayuda y protección, ya que para eso están aquí.

La posibilidad de conectar directamente con ellos nos abre un maravilloso e infinito mundo de posibilidades que nos puede beneficiar y que facilitará de forma exponencial su labor.

La misión Angelical

Los Ángeles existen para ayudarnos en nuestra conexión con la Divinidad, de forma que podamos crecer a nivel espiritual y ser más felices en nuestra vida terrenal, dicho de otra forma:

Los seres de luz y Ángeles nos ayudan a trabajar la Energía y la conexión con nuestro auténtico YO, con el único propósito de ayudarnos a conseguir esa FELICIDAD a la que estamos destinados.

Nacidos del Amor, ya que son la más pura energía, divinidad o energía universal, entienden que **nosotros deberíamos estar en armonía, es decir en Amor, Felicidad y Belleza, todo en uno**, así que nos guían hacia esa meta.

El amor universal, la energía del universo es SANADORA tanto a nivel físico como espiritual, los Ángeles son los guardianes del AMOR y cada uno de ellos cuenta con unos valores, virtudes en las que se han especializado.

Dado que nos conocen pueden estar a nuestro lado y ofrecernos su guía, eso no significa que tengamos que obedecerles, ya que la libertad es nuestra máxima como humanos, **el libre albedrío es lo que nos referencia como personas.**

Mensajes inspiradores y guía gratuita, es decisión tuya dejarte guiar o no por ellos, permitir o no su ayuda en la vida diaria.

Los Ángeles no entienden de actitudes religiosas ni de normas que nos impidan ser felices, no juzgan, ya que simplemente **nos ofrecen su conocimiento del amor universal y su poder sanador.**

Los Ángeles pertenecen a toda la humanidad, no tienen "exclusividad" de ningún tipo, pueden servirnos como agentes del crecimiento, superación personal y evolución espiritual; lo único que necesitamos es **dejar espacio para que los Ángeles estén en nuestra vida, a fin de que puedan crear** el contexto espiritual en el cual desarrollar mejor nuestra capacidad de ser felices, AMAR y SER AMADOS.

Los Ángeles tienen un lugar activo en nuestras vidas, nos ayudan en nuestra relación con la energía y la divinidad.

Ángeles, seres de luz, maestros ascendidos, **nos dan protección y guía**, nos ayudan a tomar fuerza y hacer crecer nuestro potencial creativo, permitiendo que nuestro camino de realización sea más factible y superemos las dificultades del camino.

Clases y Tipos de Ángeles

Cuando comencé este libro este era uno de los capítulos más amplios, si bien había algo en mi interior que me decía que no debía estar ahí, durante algunos días antes de dormirme pedí a **Jofiel, el Ángel que sabe dictar las palabras y enfocar los caminos, que me guiara, que permitiera mi inspiración.**

"Amado Jofiel, guía mis palabras, permite que este libro de Amor y luz ayude a millones de personas a transformar sus vidas, haz que fluya el texto que debe permanecer y el conocimiento que debo transmitir."

Ciertamente en mi vida suele haber muchas señales angelicales, de seres de luz, sobre todo en forma de sonidos, luz amorosa y sobre todo en formato de números, cosa que me encanta y con la que disfruto particularmente.

Creo recordar que nunca he tenido tan presentes las horas espejo y las secuencias numéricas en mi vida como en estos meses de desarrollo del libro, horas espejo que se traducen también en tickets de compra, números de teléfono, capítulos de libros o cualquier referencia que contenga precisamente eso NUMEROS.

También reconozco que encuentro plumas en los lugares más insospechados y no, no se me ha roto ninguna almohada de plumas.

¿A qué viene todo esto? Te cuento, este capítulo era amplio ya que hice un trabajo muy completo de investigación sobre la jerarquía de los Ángeles, sus líneas y divisiones, así como las diferencias entre unos y otros.

Deseo que este libro sea un auténtico manual de conexión con la Luz, con los Ángeles y especialmente de sanación espiritual.

¿Tiene sentido dar vida a un montón de páginas de información puramente eclesial? Ciertamente no.

Así que simplemente te voy a dar una información base que si lo deseas puedes ampliar en muchos otros sitios, incluso en la propia Biblia o Internet, que podríamos denominar como la "clasificación de los Ángeles":

En la Epístola de San Pablo a los Colosenses (Col 1, 16) se hace referencia a los tronos, dominaciones, los principados y las potestades.

De acuerdo al padre de la Iglesia, **Dionisio,** existen tres jerarquías de Ángeles con tres coros cada una, sumando un total de nueve Coros u Ordenes Angélicos.

- La primera Jerarquía: **Serafines, Querubines y Tronos;** son aquellos que hacen de consejeros celestiales.
- La Segunda Jerarquía son las **Dominaciones, Virtudes y Potestades; Ángeles que gobiernan el cielo.**
- La Tercera Jerarquía son **Principados, Arcángeles y Ángeles; los más cercanos a la tierra, los mensajeros del Cielo.**

Arcángeles

Son seres de superioridad lumínica, los encargados de las facetas más delicadas e importantes con respecto a los humanos, mencionados en muchos libros sagrados, ya que están presentes en la religión cristiana, en el antiguo testamento, religión hebrea, musulmana e incluso datan del antiguo Egipto.

Son los más conocidos, hay referencias de todo tipo, con muchos de ellos vamos a trabajar en este proceso angélico. Sus nombres cambian en función de las traducciones que se han realizado de los textos antiguos y de su procedencia original, ya que hay muchas referencias.

> Si necesitas una ayuda poderosa y apoyo, los Arcángeles están sentados al lado del trono de la divinidad, siete de ellos pertenecen al llamado coro celestial.

Ángeles Principados

Son conocidos como los ingenieros del Universo y la Divinidad, trabajan con los elementos, así como con los reinos de la tierra, animal, vegetal, mineral y humano.

> *Estos seres angelicales son extremadamente hermosos, sus ropas son diferentes a las de los otros Ángeles y tienen una luz tan inmensa, que es difícil verlos bien.*

Leen la mente, captan los planes, los proyectos, se encargan de la naturaleza, de las especies del planeta, de los vientos y las mareas, las montañas, son los creadores de las nuevas especies.

Estos **seres de gran tamaño se encargan también de los ritmos biológicos, de las estaciones del año y disuelven las falsas ilusiones,** son los mejores ayudantes cuando se trata de trabajar con enfermedades.

Su jefe es Uriel, quien los dirige y les da todo lo que puedan necesitar para poder armonizar los reinos de la Tierra.

> Son integradores y por eso vigilan de forma estrecha las acciones de los gobernantes y jefes espirituales de los hombres, son los conductores de los grandes grupos de personas en la historia.

Al habitar en los reinos de la naturaleza, si quieres invocar y conectar con alguno de estos poderosos Ángeles deberías hacerlo en la naturaleza, al aire libre y con mucha vegetación.

Ángeles Poderes o Potestades

Los encargados de las grandes luchas entre el bien y el mal, **elegidos por la divinidad para proteger la paz, luchadores y guerreros,** siempre están preparados y alerta para defender cualquier buena causa, venciendo todas las batallas.

> Son los encargados de guardar la conciencia de la humanidad, conservan toda nuestra historia colectiva.

Dentro de esta categoría de Ángeles encontramos los que corresponden al nacimiento y la muerte, pueden atraer y retener la energía de lo divino y unirnos a todo el colectivo de lo humano en una gran red de energía universal.

> *Como estos Ángeles son de forma genérica protectores, siempre hay uno con cada uno de nosotros, su única finalidad es protegernos durante toda la vida.*

Aquellas personas que cuentan a su lado con un Ángel de este tipo son especialmente cuidados por la divinidad, muchos jefes espirituales son guiados por ellos, les alivian el cansancio espiritual y los inspiran en su misión de guiar a la humanidad hacia el bien, calmando su impaciencia y la ira.

> Como guerreros en su lucha contra el bien y el mal, son los encargados de alejar y luchar con el llamado mal, que se encarna en esa figura mitológica y ancestral conocida como Diablo.

Cassiel es el príncipe de los Ángeles Poderes, nos ayuda de forma expresa a luchar contra la adversidad, liberándonos de las deudas tanto terrenales como kármicas, nos aporta seguridad y nos permite ser independientes

Estos **Ángeles Potestades** se representan con armaduras, como guerreros, son muy hermosos y cada uno lleva una espada con su nombre grabado.

Ángeles Virtudes

Son poderosos y de gran importancia para los humanos ya que pueden emitir una gran cantidad de energía.

> Los Ángeles Virtudes son la fuerza en sí misma, se acercan especialmente por mandato divino a aquellos que se esfuerzan por superarse, eliminan las limitaciones y usan las virtudes para dar fuerza y seguir adelante.

Estos seres del coro angelical trabajan con la energía de la sabiduría, envían su luz a la tierra y la energía espiritual.

Ayudan a los humanos a lo largo de toda su vida, son los responsables de los cambios y de las acciones que se hacen a futuro, por lo que son buenos para encauzar el curso de nuestra vida.

Al igual que los Ángeles Dominaciones y las Potestades, se encargan de gobernar el cielo y son responsables del orden Universal.

Dominios o Dominaciones

Estos seres angelicales son aquellos que se encargan de gobernar las actividades de muchos de los grupos de Ángeles, también son los encargados de armonizar nuestra parte espiritual y material.

> Los médicos de la luz, nos ayudan a dominar las pasiones y a encontrar el equilibrio.

Muy parecidos a los Ángeles genéricos, son más pequeños que un humano, como elfos, sus ropas son lujosas, en tonos blancos o verdes y con grandes alas.

> Se invocan especialmente para la salud y el cuerpo, se les pide ayuda especialmente para romper con los compromisos terrenales.

No suelen dejarse ver y están dirigidos por Rafael, trasmiten los conocimientos de la sanación, tanto para los humanos como para el resto de los reinos, animal, vegetal o mineral, transforman lo enfermo en sano.

Ángeles Tronos

Dicen que los Ángeles Tronos deben este nombre a que la divinidad los creó desde la materia y se sentó en ellos, rigen los planetas, el Ángel Solar es uno de ellos y también el Ángel de la Tierra que es quien guarda nuestro planeta.

Son Ángeles de gran tamaño, los más grandes del coro angelical, son invocados por los alquimistas y los estudiosos de las Ciencias Sagradas, están llenos de la energía de Dios.

> Se les llama Tronos, porque se dice que son los que portan el Trono de la Divinidad.

De nombre corto por norma general, son muy humildes, no hay muchos y **sus alas tienen todos los colores del arco iris**, trabajan directamente con la divinidad creadora y cuentan con la energía del Poder, manteniendo el impulso de la creación y la propia vida.

> Son los encargados de mantener el orden social entre los pueblos de la tierra, trabajan de forma especial para que la verdad triunfe sobre la mentira, el bien sobre el mal y lo justo sobre lo injusto.

Al trabajar en los impulsos para el mantenimiento del orden utilizan de forma específica la Ley de la Polaridad, los dos extremos.

Querubines

Son los Ángeles que más veces vemos representados en la pintura, esos pequeños bebés con alas realmente bellos.

> *En su origen se dice que fueron dragones que decidieron trabajar para la Divinidad y por ello su premio fue convertirse en los seres que conocemos.*

Su nombre significa "el que intercede" y hay una subdivisión para los estudiosos de la genealogía angelical en su categoría, Querubines del Firmamento y del Fundamento.

Otra de las acepciones que se dan a este nombre es el de "espada de fuego", aparecen además en los textos más antiguos de la mayoría de las religiones.

Ya aparecen en el Génesis cuando Adán y Eva son expulsados del paraíso, dos querubines fueron los encargados de custodiar el Árbol de la Vida, en la mayoría de los templos podemos encontrarlos en la entrada custodiando el recinto.

> Encargados de sostener todo el Universo custodian los tesoros celestiales, los archivos y la Biblioteca Celestial donde todo se anota, están al lado de la Divinidad.

Suelen ir en parejas y sus nombres son secretos, aunque muy bonitos, **están llenos de amor y conocimientos, son los portadores de la conciencia del Infinito.**

Están dirigidos por Gabriel y siempre están vigilando el Universo para que la Creación no sea destruida, por lo que están en la luz, los planetas, los soles, estrellas y galaxias, la energía del Cosmos es la que trasmiten.

Los Serafines

Este círculo de Ángeles es el más alto de la jerarquía, son los que están al lado de la Divinidad, alaban a Dios y regulan el movimiento del Cosmos a voluntad de Él.

> Los Serafines fueron creados para estar conectados al Amor Supremo, arden en la energía del Amor, de la energía universal y están exclusivamente al servicio de este Amor incondicional.

Espléndidas criaturas con alas impresionantes que ya aparecen en la angelología tradicional hebrea, son los Ángeles más antiguos y responsables de todos los demás.

El profeta Isaías los describe como **Ángeles con seis alas que utilizan dos de ellas para protegerse el rostro del resplandor divino, las otras dos alas tapan sus pies y el otro par les sirve para volar.**

Los Ángeles de la Guarda

Me gustaría hacer una mención especial a estos seres de luz que cuando somos pequeños, nuestros padres han hecho presentes en nuestras vidas, ese compañero al que llamamos el Ángel de la Guarda.

Los Ángeles de la guarda están siempre ahí, a nuestro lado, deseando protegernos y guiarnos para que crezcamos espiritualmente y nos superemos a todos los niveles.

Algunos de estos Ángeles de la guarda, son personas fallecidas que han estado presentes en nuestra vida y han pedido quedarse en la transición de este plano o volver habitualmente mediante esta forma o esencia de luz, de alguna manera **saben que los necesitamos para atravesar ciertos momentos de nuestra vida.**

No siempre es el mismo, si bien siempre hay algún Ángel de la Guarda a nuestro lado, desde que nacemos hasta que pasamos a otro estadio, acompañándonos también en el tránsito a la otra vida.

Estos seres de luz, son los medios de comunicación más perfectos con lo Divino y el Universo, nuestra fe en la luz, en la energía, por poca que sea, nos ayuda a conectar con ellos, son una fuente increíble de amor y fuerza.

Nos cuidan y animan, nos calman y protegen, siempre **con el fin de ayudarnos a crecer**, iluminando nuestra alma, ya que solo cuando crecemos podemos solventar obstáculos, dificultades y conseguir lo que deseamos.

Los Ángeles intervienen por nosotros también en las relaciones con otras personas, ya que conectan con los Ángeles personales de cada una de ellas.

No solo nos acompañan en nuestra vida, sino que también están con nosotros en el tránsito de la muerte, son muy felices cuando compartimos con ellos cualquier momento.

Cuando somos niños **nuestra inocencia nos permite ver y hablar con nuestros Ángeles de la guarda**, muchos padres creen que son amigos imaginarios o invisibles, cuando crecemos y nos hacemos adultos, perdemos esa inocencia y la capacidad de ver.

La sociedad, los prejuicios, el miedo a muchos de estos temas espirituales y creencias relacionadas con lo desconocido, lo oculto, todo ello hace que comencemos a sentir rechazo por lo que percibimos.

Recupera el recuerdo con este libro que ves en tus manos, que puedes tocar y sentir incluso a nivel energético...

Toma el libro en tus manos, cierra tus ojos, acaricia sus páginas, permite que tus manos se muevan, exploren sus hojas, la pasta de la cubierta, escucha los sonidos a tu alrededor, huele sus hojas, respira profundamente.

Siente la energía que emana, puedes cerrarlo, abrazarlo.

Coloca el libro en tu pecho y pon tus manos sobre él…

Algo tan sencillo y con tanta energía como un libro, te permite **recordar, volver a conectar con ellos, ser nuevamente un niño, si eso es, lo que deseas.**

Si eres católico o cristiano es posible que recuerdes las oraciones que muchos padres enseñaban a sus hijos hace años para recitar antes de dormir, mi madre y mi padre también me las enseñaron.

"Ángel de la guarda, dulce compañía, no me desampares ni de noche ni de día, no me dejes solo que me perdería"

"Cuatro esquinitas tiene mi cama, cuatro angelitos que me acompañan, dos a los pies, dos a la cabecera y la Virgen María que es mi compañera"

Trabajar en nuestro desarrollo personal y nuestra espiritualidad, sin necesidad de entrar en creencias religiosas, nos permite **volver a conectar de forma permanente con los Ángeles, con los seres de luz, especialmente con aquellos que están cerca de nosotros, a nuestro lado.**

333

Primeros pasos. Conectando

La Divinidad, el Universo, pone a los Ángeles como intermediarios con la humanidad, los seres de luz funcionan como **canal conector de esa energía poderosa y universal**.

Hemos visto en numerosas ocasiones que todos y cada uno de nosotros somos ENERGÍA, todo tiene energía, así que cada uno de nosotros es parte de esa energía, todos formamos parte de un ente global, TODOS somos parte de la DIVINIDAD.

"YO Soy ENERGÍA, formo parte de la DIVINIDAD"

Al igual que estamos conectados directamente con la Divinidad lo estamos también con los Ángeles, puede ser con uno o varios, pueden o no tener nombre, podemos o no identificarlos, también elegimos si escucharlos o ignorarlos.

Si les permitimos **estar presentes en nuestra consciencia**, en esa atención plena donde los detalles cobran otra dimensión, podemos pedirles protección, guía y conectar a un nivel más profundo con ellos.

Cuando los momentos que vivimos nos hacen infelices, nos superan los problemas y dificultades, necesitamos ayuda, la ayuda angelical siempre es benefactora, tanto si es para nosotros como para las personas a las que amamos.

Una máxima importante a la hora de solicitar la ayuda angelical, es que siempre debemos pedir en POSITIVO, lo que solicitemos no puede perjudicar a otras personas y debemos entender que no van a interferir en la voluntad de la Divinidad en el proceso de otras personas o incluso en el nuestro.

*Cuando venimos a este mundo, **traemos tareas que tenemos que cumplir para poder crecer espiritualmente y ascender como maestros en la luz**, en cada uno de nosotros reside esa energía, esa luz de la que muchos hablan como si fuera algo de otro mundo y sin embargo, está ahí, dentro de ti, de mí.*

Para que esa luz crezca y podamos avanzar en el camino de esta nuestra vida, se hace necesario que vivamos algunas experiencias difíciles, cada dificultad de nuestro camino, cada muro por saltar, cada tropiezo, es un aprendizaje que nos hará crecer hacia una vida mucho más feliz y plena, esa que podemos nombrar y ser nuestra, que nos corresponde, esa VIDA EXTRAORDINARIA.

Estos seres maravillosos están siempre deseosos de que les pidamos, de que conectemos con ellos, aunque sino les pedimos ayuda es posible que no intervengan de forma directa y eficaz.

Recuerda que por encima de todo está tu LIBERTAD y en ella reside tu RESPONSABILIDAD, ese 100% en el que te haces responsable de lo que tienes en tu vida y que solo cuando la aceptas, te haces de forma consciente DUEÑO o DUEÑA DE TU VIDA, solo así podrás transformarla hacia donde realmente deseas.

Permite su presencia angelical

A nuestros amigos los Ángeles les gusta estar rodeados de paz y amor en general, ya que ellos son todo AMOR y ARMONÍA, viven envueltos en esa luz.

> *Si te encuentras irascible, con agresividad, la conexión con ellos es más complicada.*
>
> *Busca un espacio personal donde recogerte en silencio, encuentra la calma, si conoces las técnicas de relajación o meditación, son ideales para comenzar este tipo de conexión.*
>
> **Practica Ho'oponopono, busca tu centro.**
>
> Habla con tu Ángel como si fuera un amigo, un hermano, siempre te escucha y viene a tu lado para reconfortarte con su halo de paz y amor.

Descubrirás poco a poco, como su presencia te calma y te permite ser más positivo, espiritualmente sentirás como te haces más consciente de tus emociones, conforme practiques y avances en este camino de crecimiento personal la conexión con ellos irá ascendiendo cada vez más.

Los Ángeles, Dios y la Divinidad

Cuando nos hemos referido a qué y quienes son los Ángeles, hemos hablado de ellos como el canal de comunicación con la Divinidad, Dios o la Energía del Universo.

Algunos expertos en Ángeles indican que siempre que se invoque a los Ángeles debemos hacer una mención especial a la Divinidad, a Dios, con el fin de identificarlo como el receptor final de nuestro mensaje y signo de respeto.

> La experiencia sin embargo en la conexión angelical, nos dice que no es necesario tener ningún tipo de creencia especial, ni religión, ni tener o creer en un Dios identificado para conectar con estos seres de luz maravillosos, llenos de amor y bondad.
>
> Es más, ni siquiera es necesario darles un nombre, hay tantos seres de luz como mentes y almas en el Universo.

Ten presente, ante todo, que los Ángeles son un vínculo que nos une a la energía Universal del amor, ellos son energía, nosotros somos energía, TODOS formamos parte de la ENERGÍA UNIVERSAL.

Ellos están para ayudarnos a ser más felices, acompañarnos en nuestro camino y estar a nuestro lado para que **podamos resolver nuestros problemas mejor y más rápido**, no se hace por tanto necesaria la invocación expresa a ningún Dios o Divinidad específico, aunque siempre puede ser nombrado si ese es tu deseo y creencias.

Elección angelical

Para realizar una conexión mucho más efectiva con los Ángeles es importante conocerlos, de esa forma puedes enfocar los diferentes procesos hacia el conocimiento o las respuestas que buscas; a aquello que sientes que necesitas para avanzar en tu camino.

¿Cómo oriento mi conexión angelical?

Conoce a los Ángeles, lee sobre ellos, este libro te ayudará en esta tarea, en función de la ayuda que necesites puedes invocar a uno u otro ser de luz, cada uno trabaja de forma diferente y cuenta con dones y virtudes diríamos "representativas".

Existen muchos tipos de Ángeles y cada uno de ellos cuenta con herramientas de trabajo específica para ayudarte y guiarte en tu proceso.

Existen Ángeles para los casos en que necesites protección, Ángeles para la sanación física y espiritual, Ángeles para el amor, ya sea propio o de terceras personas, para mejorar las relaciones tanto de pareja como familiares o de amistad, enfocados en dar luz a tu camino, para cerrar ciclos, guiarte hacia el despertar de ese YO que dormita en el interior e incluso para aparcar.

Muchos de estos seres angelicales o de luz, utilizan lo que se denomina el "rayo de energía", estos rayos tienen diferentes colores y frecuencias, que están indicados para diferentes sanaciones y protecciones.

Este rayo de energía puedes visualizarlo en tu conexión con ellos, imagina su luz brillante con el color correspondiente y envíalo a la situación que has visualizado.

Elegir el Ángel apropiado en función de tu necesidad, puede ser un gran acierto, para ello leer y conocer es la mejor forma de dar pasos de gigante hacia aquello que deseas.

Cuando avances en este camino angelical de luz, tendrás herramientas para poder trabajar con cada uno de estos aspectos, CONECTAR, RECIBIR, SANAR.

Descubre que TIENE QUE DECIRTE tu Ángel y disfruta del encuentro, siente y permite que todo tu ser, se llene de emociones, siente como tu ser se llena de Luz.

Conectando en la Luz.

Eligiendo el mensaje

Algo muy importante a tener en cuenta cuando pedimos o solicitamos respuestas es **cómo hacer la solicitud, cuanto más concreta y clara sea, más sencilla y rápida será la respuesta.**

Los Ángeles son traviesos y divertidos, así que si no tienes claro lo que quieres puedes encontrarte con algunas sorpresas.

Oráculos, Tarot, Runas, meditaciones guiadas, Rituales, Péndulo… muchas de estas técnicas creemos que fallan porque no responden a lo que deseamos, o eso es lo que creemos, sin embargo…

¿Te has planteado tal vez que tu pregunta no está bien formulada?

¿Es posible que no te interese la respuesta que has recibido y la des como no válida?

¿Tal vez tu mente lógica está preguntando algo y tu interior desea conocer algo diferente?

La experiencia tras muchos años de trabajar haciendo coaching, asesoramiento personalizado y ayudando a miles de personas a través de diversas herramientas para el crecimiento personal y la sanación, es relevante.

Más del 80% de las personas no sabe realmente que desea, que quiere preguntar o bien no sabe definir de forma concreta su pregunta, en la mayoría de los casos son preguntas que no pueden responderse de forma concreta o engloban diversas respuestas, incluso están realizadas desde una posible respuesta.

¿Por qué no funciona?

¿Realmente no funciona? Muchas veces recibimos exactamente lo que pedimos, como no ponemos ninguna atención a nuestras palabras, pedimos de cualquier forma y eso es lo que recibimos, muchas veces poco o nada que ver con lo que realmente estaba en tu mente.

Me encanta el ejemplo de "atraer dinero" **¿Quieres más dinero?**

Perfecto, hoy al salir a la calle mira hacia el suelo y encontrarás una moneda de 1 euro. GENIAL, **ha funcionado**, tienes más dinero.

¿No era eso lo que querías? Bien, dijiste "quiero más dinero", no dijiste en ningún momento cuanto, tampoco si querías que cubriera determinadas deudas o que superara un importe determinado.

Si quieres que llegue a tu vida un extra de 1.000 euros, eso es lo que debes de definir, tanto en tu objetivo por escrito como en tu visualización.

Exactamente igual debemos hacer con cualquier tipo de solicitud cuando hablamos con los Ángeles.

Cuando tengas claro lo que quieres debes visualizar, ponerlo por escrito, sentir la emoción que te da, la canalización con los Ángeles funciona igual que la Ley de la Atracción

Lo que quieres lo obtienes, visualiza su realización, dalo por hecho.

Es importante que tengas claro, que el **solicitar la ayuda angelical no implica que las cosas se vayan a resolver por sí solas**, es importante que tú también hagas tu parte, tu esfuerzo y sobre todo, **ACEPTES los CAMBIOS que pondrá delante de ti el Universo para llegar a ello.**

123

Los Ángeles te acompañan, te ayudan en tu tarea, si bien NO TE HACEN el TRABAJO.

Si quieres aprobar un examen deberás estudiar, si tu reto es encontrar trabajo deberás preparar tu currículum y buscarlo, si deseas el amor tendrás que hacer algo por conocer gente y aceptar conocer a nuevas personas, si tu meta es ser millonario tendrás que cambiar tus creencias sobre el dinero.

Cuando pides respuestas a los Ángeles o seres de luz, ten claro que NO hay PREGUNTAS absurdas o insignificantes, todo lo que es importante para ti es importante para ellos.

Los Ángeles NO JUZGAN simplemente empatizan y actúan desde el más puro Amor, **son seres de una elevada vibración, un plano muy superior al nuestro.**

La única esencia que juzga sin sentido es la humana.

La única especie que sufre en su mente sin vivir, es la humanidad.

Libre albedrío y Control

En este libro verás numerosas oraciones e invocaciones para ayudarte en este **camino del despertar a través de los seres de luz y Ángeles,** ya están preparadas por lo que si lo deseas puedes hacerlas tuyas.

Sin embargo, antes de continuar avanzando, me gustaría que hicieras parte de ti algunos detalles que creo son de suma importancia para que este trabajo de conexión con la Luz sea efectivo, **funcione y te permita disfrutar del proceso.**

Cualquier forma de invocar o conectar es válida, tus palabras surgidas de la emoción y el sentimiento del momento en que inicias tu conexión y comunicación angelical SON VÁLIDAS, sean las que sean.

Permite que **tu esencia más pura se transforme en palabra, emoción, sentimiento.**

Si intentas seguir al pie de la letra una oración de otra persona, estarás ejerciendo un control, **un control que únicamente te debilitará y hará más difícil que puedas conectar**, permite que tus propias palabras fluyan por SÍ MISMAS.

> *Aunque uses en inicio alguna de las invocaciones que leas en este libro, por favor, **siente libertad absoluta de modificarlas** durante tus procesos y trabajos, deja de dudar sobre si lo estás haciendo mal o bien, déjate fluir, disfruta del proceso y permite que tu interior te guíe.*

Cuando intentamos hacer algo al pie de la letra ejercemos presión, **cuando nos sentimos presionados tendemos a bloquearnos,** cuando enviamos al Universo un mensaje de bloqueo y control cerramos el acceso natural a la comunicación con cualquier fuente de energía positiva, simplemente atraemos más control y bloqueo.

Lo repito una y otra vez, ya estemos hablando de rituales, de Ángeles, Feng Shui o meditación, de forma recurrente en las personas que desean seguir los diferentes caminos de transformación, de cambio, **hay un empeño desmedido en seguir al pie de la letra las instrucciones que se ofrecen y no innovar en nada.**

Parece, que, si falta cualquier paso o ellos lo creen así, se sienten perdidos, incluso a veces el simple hecho de no saber qué hacer con las velas que han usado, otras porque han leído en algún otro lugar que debe haber una frase de cierre y quien se lo ha contado les ha indicado que luego hay "problemas".

> Libertad por favor, **todos y cada uno de nosotros somos maestros**, aunque como nuevos en esta vida hemos dejado en el olvido todo lo APRENDIDO en vidas pasadas.

> Cuando permitimos que nuestro interior se manifieste nos acercamos a **nuestro almacén de vidas pasadas y traemos a nuestro HOY**, toda la sabiduría que llevamos acumulada.

> Todos sabemos que debemos hacer y cómo hacerlo, simplemente no lo recordamos.

En todo este proceso de conexión y energía, debes de sentirte a gusto, juega, prueba, experimenta, se parte del proceso, solo así surgirá de forma natural la conexión, sentirás y disfrutaras de forma plena.

> Todo lo que imaginas está esperando a que dejes el control a un lado y permitas que tu interior, hable y se maneje por sí mismo.

Cuando abandonas el control y la rigidez, tu intuición y las señales que puedes recibir se dispararan, ¿Cuál es el truco?

Practicar, JUGAR, explorar y en cada práctica, permitirte el "lujazo" de experimentar y siempre, recuerda esto, **disfruta de cada paso del proceso.**

Porqué nuestras oraciones no son atendidas

Muchas personas me preguntan por qué si han solicitado ayuda angelical parece como que los Ángeles o la Divinidad no atienden sus peticiones, sin embargo, saben de personas que si han sido ayudadas incluso sin pedirlo.

> ¿Qué diferencia hay entre aquel que hace su invocación diaria y no logra lo que desea y otra que conecta de vez en cuando o ni se lo plantea y tiene solución a su problema en poco tiempo?

Te diría que antes de nada revises la magia de tus palabras, vuelvo al comienzo del libro y te digo:

> "…si comienzas a trabajar con ellos desde la palabra en negativo, no puedo, no conecto, no veo, no me escuchan, no responden… una premisa que es importante que aprendas desde YA, es que el Universo te da lo que pides.

La Magia de las Palabras, si tu vocabulario en este trabajo angelical parte de **ese "no puedo, no conecto, no veo, no me escuchan, no responden...", ciertamente eso es lo que tendrás."**

Los Ángeles escuchan todas las oraciones y saben lo que les estamos solicitando, sin embargo, hay varias condiciones o razones, por las que no van a actuar, al menos como nosotros pretendemos:

1.- Una de las principales razones para que esto ocurra, es que hay algo por encima de todo y son los **designios de tu propósito en esta vida, eso que llaman el karma** o en la metafísica China "la suerte del Cielo", aquello que debes pasar en esta vida para avanzar y crecer a muchos niveles.

Yo creo en que **vivimos múltiples vidas**, aquello que no seamos capaces de superar en esta vida lo volveremos a repetir una y otra vez en las siguientes hasta que nos superemos y aprendamos lo que sea, que tengamos que aprender.

> Los Ángeles no pueden cambiar la situación, si bien **pueden ayudarte en tu camino de superación y aprendizaje.**

2.- Otra razón y muy importante suele estar relacionada con el hecho de que lo deseas pueda ser perjudicial a medio o largo plazo para ti o incluso lo que estás pidiendo es malo para otras personas.

Un ejemplo muy sencillo de este caso, es cuando se solicita que la persona que amamos (que está emparejada con otra persona) deje a su pareja para estar con nosotros.

> Solo si esa persona está realmente destinada a estar contigo ocurrirá algo que finalmente hará que estéis juntos.

Es como la pretensión de tantos miles de personas en este mundo de **recuperar a su ex pareja**, si no tiene que ser, no será, permite que la persona adecuada llegue a tu vida, trabaja el desapego y comienza tu nueva etapa.

3.- También puede ocurrir que el momento no sea el adecuado para que puedan actuar, a veces los acontecimientos deben de venir de cierta manera para que ocurra lo que pedimos.

> Es posible que esos acontecimientos no sean lo que deseamos, sin embargo, **si los aceptamos y aprendemos de ellos, crecemos,** siempre nos van a dar cosas mejores y sí, posiblemente aquello que hemos pedido.

Por ejemplo, para disfrutar de una buena economía, tal vez es necesario que primero nos despidan de nuestro trabajo.

O algo que ocurre muchas veces, para ser felices en nuestra relación de pareja debemos permitir que se marche la actual.

En más de una ocasión, esa situación que nos ha puesto el universo delante no es lo que pensábamos, no nos agrada, queremos aferrarnos a lo que tenemos, a lo conocido, no deseamos cambiar, mejor lo malo conocido, no queremos sufrir, tenemos miedo y no deseamos salir de nuestra zona de confort, sin embargo, **ese es el proceso que debemos superar para conseguir subir en la escala de satisfacción, pasar de una vida 5 a una 10, solo lo que tememos nos hará felices.**

4.- Hemos hecho todo lo que nos han dicho y hemos pedido de forma constante la ayuda.

Sin embargo, hemos dejado de lado algo que nuestro orgullo o nuestras creencias nos dicen que "no es justo", podríamos decir que **no hemos hecho lo que deberíamos para acompañar a esa ayuda.**

> *Si sabes que debes de perdonar a una persona y no quieres hacerlo, la solución no vendrá...*
>
> *Si debes aceptar un proceso y te niegas a hacerlo, la ayuda no vendrá...*
>
> *Si parte del proceso está en actuar, tomar acción y hacer cosas diferentes y prefieres esperar a que caiga del cielo la solución, la ayuda tampoco vendrá...*

Aunque los Ángeles quieran atender lo que les has pedido, tal vez es necesario que primero aprendas las lecciones que debes en virtud del problema o la dificultad que tienes en este momento, cuando aprendas la lección la AYUDA será INMEDIATA.

> **Acepta tu responsabilidad, entiende que la parte más importante del proceso eres TU y que si no das los pasos oportunos, nada ocurrirá, todo seguirá igual.**

¿Buscas la píldora mágica? Siento decirte que posiblemente NO EXISTE.

Podemos solicitar una sanación de una enfermedad del cuerpo, si bien tal vez no es posible en primera instancia, ya que lo que se hace necesario es SANAR el ALMA, la EMOCIÓN o

SENTIMIENTOS que han provocado dicha enfermedad, mejorando de esta forma el bienestar espiritual, **transformando nuestras células para que el cuerpo físico sane.**

Una de las capacidades que trae este trabajo angelical es la ayuda a través del conocimiento personal.

Los Ángeles encienden esa luz que te permite conocer en tu interior ese "por qué" has atraído algo a tu vida, te iluminan en los pasos que debes acometer, donde debes poner foco y tomar ACCIÓN.

Ellos no pueden trabajar por ti, pueden mostrarte el camino, incluso indicarte cómo actuar o lo que debes hacer, si bien no pueden avanzar por ti, solo TU puedes crear tu VIDA EXTRAORDINARIA, está en tu mano el tomar ACCIÓN o NO HACER NADA.

En esta ayuda personal y de acompañamiento es donde te digo que SI, que tu oración, tu petición siempre es escuchada de alguna manera, así que **prepárate para obtener resultados sorprendentes, especialmente si tu proceso de aprendizaje en tus cargas kármicas es el adecuado.**

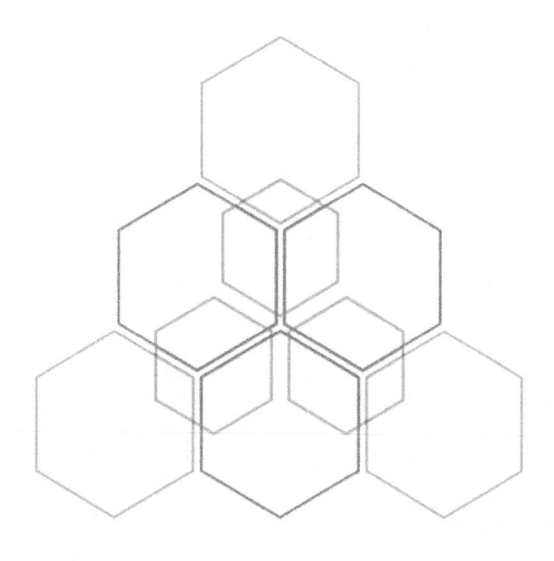

Abriendo la comunicación

Ya hemos visto que en nuestra comunicación con los Ángeles y seres de luz hay mucho por hacer, estamos empezando, tomando conciencia de su presencia para DISFRUTAR de cada uno de los procesos de conexión, **aprendiendo, experimentando y por supuesto, disfrutando con cada uno de ellos.**

De forma muy general podemos decir que hay diversas formas de conectar con nuestros amigos de luz:

* Con el pensamiento, únicamente trae a tu mente un Ángel, puede ser sin nombre o con nombre, piensa en él y siente lo que vas a recibir.

"Amado Ángel…"

* Escribir es un buen canal de comunicación, más adelante ampliaré información sobre esta técnica de conexión.

* Visualiza, imagina a tu Ángel, siente su presencia, como te rodea… visualiza la situación en la que deseas su ayuda y siente como está solucionada, esta técnica siempre debes usarla desde el amor, sin hacer daño a nadie, aunque en esa situación haya personas que te estén haciendo daño.

* Expresa en voz alta lo que deseas, invoca a tu Ángel, pon tus manos en el corazón y cierra los ojos, es tu momento, expresa y alza tu voz.

* Antes de dormir, en ese momento especial trae a tu mente, a tu corazón, a tu Ángel, para ayudarte en esa decisión, para ver la luz en tu camino, sentir como te reconforta, encontrar esa respuesta que necesitas.

Durante el sueño, tu Ángel trabajará para ayudarte.

El idioma de los Ángeles

Siempre vas a entender de alguna manera el mensaje de los Ángeles, ellos se comunican contigo en tu idioma.

¿Tiene algún sentido que los Ángeles utilicen un lenguaje extraño o errático para darte un mensaje? Ellos siempre van a acoplarse a tu forma de comunicación.

> *Pueden comunicarse contigo de las formas más insospechadas, en sueños, a través de la meditación, mediante otras personas, con mensajes en la radio o la televisión, en internet a través de una búsqueda o resultado, mientras lees un libro, incluso en acontecimientos que ocurren a tu alrededor, en la calle, en casa...* **esas "causalidades" inocentes que llevan ese mensaje intrínseco.**

Es como cuando en la radio o la televisión aparece un anuncio que "oh¡¡ casualidad", te da respuesta a la duda que tenías o bien la solución que necesitas. ¿Casualidad o "causalidad"?

Muchas personas se quejan de que sus peticiones no han sido escuchadas ya que no han obtenido ningún tipo de respuesta, sin embargo, las respuestas si llegaron, únicamente **pasaron a su lado, no les dieron mayor importancia, no supieron o no pusieron interés para interpretarlas, se convirtieron en una simple coincidencia.**

Toma conciencia y abre tus sentidos, CAPTA y haz TUYO el mensaje.

Recibiendo Mensajes

Cuando utilices las diferentes técnicas para conectar con los Ángeles es posible que te hagas una pregunta: **¿cómo voy a saber que me han respondido?**

* Unos escuchan voces angelicales con claridad utilizando las técnicas de meditación o del sueño, en ellas reciben instrucciones claras de cómo deben actuar o lo que deben tener en cuenta.

* Otras personas visualizan a través de la conexión angelical a los seres de luz, reciben la respuesta que buscan a través de sentimientos, imágenes, sensaciones múltiples.

* Puedes recibir señales durante el día o días posteriores, en el capítulo siguiente te mostraré las señales más habituales que suelen utilizar los Ángeles para enviarte mensajes y comunicarse con nosotros.

> *Si de alguna manera sientes que no se comunican contigo a pesar de haber trabajado correctamente haz una conexión especial con el Ángel Jofiel, este es el encargado de la comunicación, canalizaciones y conexiones.*

Pídele expresamente que abra tus canales de comunicación:

> *"Amado Jofiel, gracias te doy por la ayuda que voy a recibir.*
>
> *Acepto y estoy preparado para que me ilumines, acepto expandir mi conciencia, pongo al servicio de la luz mi intuición para recibir los mensajes de los Ángeles, seres de luz, guías y maestros ascendidos.*
>
> *Acepta mi amor y humildad, acepta mi gratitud, por ello te doy mi AMOR, acepto los bienes que voy a recibir. Gracias, gracias, gracias.*

Canales de Comunicación

Las personas tenemos canales de comunicación con los que conectamos con el mundo exterior, es decir recibimos la información sobre aquello que nos rodea para procesarla en nuestro cerebro, estos canales **son la vista o visual, el oído o auditivo y el cinestésico o de los sentidos.**

> Es muy importante reconocer cuál es nuestro principal canal de recepción de información ya que por norma general los Ángeles y seres de luz utilizarán precisamente ese canal primario para enviarte mensajes y señales.

Si eres auditivo, posiblemente escuches voces o música, si eres más visual es posible que veas imágenes, luces o incluso visualices respuestas, si eres más cinestésico es posible que te lleguen olores determinados, sientas cambios de temperatura o incluso un roce.

En determinadas ocasiones **recibimos tanta información por ese canal principal que lo tenemos saturado, cuando esto ocurre, ellos, que son muy juguetones y divertidos, deciden comunicarse por el segundo canal más importante que tengamos o el tercero**, ya que pueden verse en la tesitura de necesitar llamar TU ATENCIÓN de alguna manera.

Los diferentes ejercicios de este libro están preparados para abrir todos nuestros canales de comunicación y ponernos totalmente **a punto para esta experiencia angelical.**

Para saber cuál es tu principal canal de comunicación con el exterior es importante tener una información base sobre ellos:

Canal Visual

Las personas visuales tienen a recibir la información de su entorno a través del sentido de la vista, hay algunas características que podríamos decir que las definen y que pueden ayudarnos a identificarlas.

> Suelen hablar alto, su postura es en cierta medida rígida, tienden a respirar en la parte superior y de forma rápida.

Son muy amantes de todas esas actividades que tienen que ver con la vista, teatro, cine, museos. Si se trata de estudiar suelen tener memoria visual y les encanta los esquemas, diagramas, dibujos y presentaciones.

En su relación con otras personas tienden a mirar directamente a los ojos cuando hablan.

Cuando se expresan tienden a añadir determinado tipo de lenguaje que hace referencia precisamente a su canal preferido:

> *"desde mi punto de vista", "veo lo que dices", "está muy claro", "¿ves lo que te digo?", "veo en mi mente tal como debería ser", "veo un gran logro", "empiezo a ver lo que dices".*

Canal Auditivo

Las personas auditivas se comunican con su entorno y reciben la mayor parte de la información del mismo a través del oído. Entre las características que las definen y por las cuales podemos ayudarnos para identificarlas tenemos:

Suelen tener posturas relajadas, incluso sentados colocan su cuerpo como si estuvieran en "escucha telefónica", con la cabeza apoyada en una mano (posiblemente corresponde además con el hemisferio que más utilizan), tienden a respirar de forma bastante abierta.

Su tono de voz habitual tiene ritmo, en su justo timbre, suelen expresarse bastante bien y tienen un amplio vocabulario. Son excelentes conversadores y suelen a ser bastante analíticos.

Les molestan en exceso los ruidos muy altos y las voces estridentes, chillonas.

Sus actividades favoritas están relacionadas precisamente con la escucha, la música, conciertos, cuenta cuentos, monólogos, la lectura en voz alta.

Cuando se expresan tienden a añadir determinado tipo de lenguaje que hace referencia precisamente a su canal preferido:

"lo que dices suena genial", "¿escuchas lo que te digo?", "suena muy real", "suena muy bien".

Canal Cinestésico

Las personas que tienen más desarrollado su canal cinestésico para recibir la información de su entorno lo hacen a través de los sentidos del tacto, gusto y olfato.

Las características más determinantes podrían ser:

Su postura de forma general es muy relajada y suelta, de alguna manera es como si mimaran todo lo que hacen, como si bailaran o fueran flotando. Su ritmo es lento y respiran de forma amplia y profunda.

Les encanta realizar actividades que estén relacionadas con el contacto físico, sobre todo si es con otras personas.

Son muy de sentimientos, por lo que es posible que tiendan a llorar, reír o emocionarse de forma muy rápida, son muy sensibles y se sientes felices cuando expresan sentimientos.

Su aprendizaje de forma general necesita en cierta medida del tacto o incluso del olfato como punto de anclaje, un cinestésico aprenderá mucho más con un libro físico en las manos que con uno digital.

Cuando hablan, tienden a añadir palabras que están relacionada con su canal favorito de recepción:

"es bastante duro" "ciertamente no te importa lo que siento" "percibo que esto no te interesa", "tengo la sensación de que...", parece frio e irascible...", "es un momento delicado", "es así de dulce...".

Aquí puedes acceder a un sencillo test que puede ayudarte a conocer cuál es tu principal canal de recepción:

https://www.isabelsanchezrivera.com/test-cual-es-mi-principal-canal-de-comunicacion

Cosas de Ángeles

¿Mensajes angelicales? ¿Señales? ¿Cómo se comunican los seres de luz?

Hay muchas señales que nos hablan, nos indican que ellos están con nosotros, nos dan pistas de muchos tipos y vamos a aprender cómo reconocerlas.

> Nunca sientas que no eres merecedor de recibir los mensajes angelicales, hay personas que piensan que no tienen la suficiente luz o incluso que no tienen el nivel suficiente para poder recibirlos o no poseen esa capacidad.

Mientras pienses así te confirmo que **no conseguirás esa conexión salvo que abras tu mente y empieces a hacerte plenamente consciente de todas las señales que van dejando a tu alrededor. ¿Te atreves?**

Pon tu mano izquierda sobre el estómago y la derecha sobre el centro del pecho al lado del corazón, levanta la cabeza firmemente, mirada al frente y repite 3 veces.

"Yo soy un canal de recepción, ACEPTO ser parte del camino de Luz"

Es totalmente normal que antes de recibir estas señales estés atemorizado o incrédulo, aunque en tu interior sabe que algo va a ocurrir, esa sensación en tu estómago te lo dice. Por supuesto que no estás loco, todos tenemos en cierta medida muchos dones dormidos, ahora ha llegado el momento de despertarlos.

123

Sentimientos, voces, sonidos, intuiciones, visualizaciones, imágenes.

Para recibir, por llamarlo de alguna manera, los mensajes de estos seres de luz y amor, debemos volver algunos capítulos más atrás.

¿Recuerdas que hemos hablado de que **todo y todos somos energía?**

> Todo en el Universo contiene energía, animado o inanimado, desde la piedra del camino hasta la planta, el árbol, el coche o el libro que tienes en la mano.

Todo en este Universo físico y por supuesto en los Universos mental y espiritual contiene energía, energía que vibra además en determinados niveles, es lo que se conoce como **NIVELES VIBRACIONALES.**

Esos niveles vibracionales tienen por decirlo de alguna manera diferentes escalas, como si fueran valores del 0 al 10, en función del nivel en que estemos vibrando en un momento o por una causa determinada, recibiremos o atraeremos lo que pedimos, siempre en una misma línea de nivel vibracional.

Todo esto está íntimamente relacionado con el Éter creador del Universo y con la poderosa ley de la Atracción, y ahora me dirás. ¿Y esto que tiene que ver con los Ángeles?

Pues bien, tiene que ver y mucho.

> Cuando conectamos con los Ángeles y pedimos respuestas, señales, nuestro cuerpo, alma, mente e intención se disponen a recibirlas, nos conectamos en un nivel vibracional determinado para conectar con los seres de luz.

Al alcanzar ese nivel vibracional es cuando estamos preparados para recibir los mensajes que estos seres nos envían, **los Ángeles al igual que el Universo conocen los diferentes niveles de vibración y saben que estamos preparados para recibir, así que ellos están dispuestos a responder.**

Cuando practicamos de forma habitual nuestro trabajo de desarrollo personal con Ángeles y seres de luz, nuestros niveles de vibración cambian, se elevan y además se sincronizan con personas, situaciones, eventos... que a su vez están relacionados de alguna manera con el mismo tema.

Es posible que cuando comiences a practicar, encuentres o aparezcan en tu entorno, personas que les gusta este tema, tal vez te llegue un documental o una noticia en la televisión relacionada, incluso que lleguen a tus manos imágenes, objetos y libros. ¿Existe la casualidad o tal vez esa "causalidad" que siempre me hace sonreír?

> Desde el momento en que pedimos señales, respuestas, ya sea mental o verbalmente, dormidos o en meditación, estamos conectando con la vibración de los seres de luz y ellos van a responder.

¿Cómo responden los Ángeles? ¿Cómo puedo sentir su presencia?

Sensaciones, emociones

Las primeras señales que seguramente recibirás cuando comiences a ser consciente del trabajo angelical que estás realizando serán de este tipo.

> *Simplemente con la lectura de este libro ya estás realizando una parte del recorrido en el camino hacia la conexión de luz y tu propio conocimiento.*

Es muy posible que sientas sensaciones de las que antes no eras consciente, también notarás que estando en un estado neutro, por decirlo de alguna manera o realizando algún tipo de actividad de repente, comienzas a sentir profundas sensaciones de amor, paz, plenitud, compasión…

La temperatura.

En determinadas ocasiones sentirás que la temperatura del lugar donde te encuentras o donde acabas de entrar cambia de repente, pasas de frio a calor o, al contrario, sin embargo, nadie ha abierto ninguna ventana ni se ha producido corriente de ningún tipo.

> *Puedes llegar a sentir como una corriente o vibración sube o baja por tu columna, aunque donde normalmente se percibe antes este tipo de corriente es en los brazos o en la zona del cuello.*

Hay quien compara este cambio de temperatura con una pequeña o ligera brisa, se la conoce como "brisa angelical" y muchos indican que se siente al comienzo de la conexión en la zona superior de la cabeza, los Ángeles están abriendo el chakra corona para comenzar a conectar.

La luz

La luz cambia a tu alrededor, sube o baja la intensidad sin que ningún agente externo intervenga en ello.

> *Pueden aparecer luces de color, similares a un cristal al sol, como el brillo de una bola facetada, muy útiles por cierto para conectar con los Ángeles a través del brillo de sus cristales.*

Hay muchas experiencias angelicales relacionadas con la luz en diferentes estados, con los ojos cerrados o abiertos, especialmente en momentos de sanación profunda, en la fase de ir a dormir o nada más despertar.

Flores

Debido a su belleza, colores, geometría sagrada y ser parte de la Naturaleza, están muy relacionadas con los Ángeles, puedes sentirlas a través del olor o bien físicamente.

> *Encontrar de forma casual determinadas flores a tu paso, que haya flores en una época del año en que no debería y las encuentres, puede también llegarte olor a flores y no haber ninguna alrededor.*

Hay personas que cuentan, que cuando comienzan a trabajar con los Ángeles sus plantas mejoran y sobre todo las flores naturales que tengan en jarrones duran mucho más e incluso que cambien de color aquellas que se utilizan en las conexiones angelicales.

Plumas

Ya que en nuestra mente y culturalmente para nosotros, los Ángeles son seres alados, es curioso que muchas personas reciban mensajes de la presencia angelical en forma de plumas, sobre todo plumas blancas, doy fe de ello.

> *Plumas que aparecen de forma misteriosa a tu lado, en el suelo, que caen de alguna manera cuando pasas por un lugar determinado, incluso que de repente se encuentran pegadas a tu ropa.*

A partir de mi primera conexión angelical he encontrado durante mi vida muchas plumas en momentos y lugares insospechados, siempre tenían algo que decirme.

Eran una respuesta a algo que necesitaba confirmar o saber, o simplemente me enseñaban un lugar de la casa en el que necesitaba trabajar y limpiar energía, a veces se encontraban en la ropa de personas determinadas, siempre me dan las pistas necesarias de qué hacer.

Mariposas y otros insectos, animales.

Las mariposas son insectos muy bellos y curiosos, han aparecido en momentos muy relevantes de mi vida en los que curiosamente he necesitado un mensaje o bien un apoyo especial, un cariño intenso por el bajón tan grande en el que me encontraba.

> *Escribiendo este libro veo a mi hermana en un encuentro de mujeres, una gran mariposa se ha posado en su mano y casi parece que la haya domesticado. Pienso, ella también está conectada.*

Para aquellos que siempre buscan un mensaje explícito en todo, también hay información abundante sobre el significado de las mariposas en función de su color, para mí lo más importante es que representan una respuesta angelical y anuncian sobre todo TRASMUTACIÓN, cambio.

Olores

A flores, rosas, inciensos, canela.

Con el trabajo angelical y las conexiones de luz mejoran en general tus sentidos, eso también incluye el sentido del olfato.

> *Si hablamos de mensajes, es cuando percibimos sin sentido o motivo alguno, olores que nos impregnan, siempre agradables, especialmente si se trata de señales que nos envían para hacer sentir su presencia.*

Cuando activamos las conexiones es muy posible que comiences a sentir la energía en general de forma diferente, esto implica que puedes aprender a reconocer donde se encuentra la energía atascada o dañina, normalmente es el caso de olores desagradables, normalmente a cerrado, a rancio, olores duros o que hacen que nuestro chakra del plexo solar se active e incluso el estómago se encoja.

Siempre se trata de olores que no tienen una procedencia física, real, sino que simplemente se encuentran y aparecen.

Como maestra de Feng Shui y experta en energía te diré que es realmente muy sencillo oler la energía atascada de casas y lugares cuando te has permitido hacerlo, de igual forma hay personas que tienen diríamos "olores" determinados que te indican que debes tener cuidado con su energía o simplemente que no se encuentran bien energéticamente hablando.

Las horas espejo

Estas señales son mis favoritas, cuando miras la hora y los números están repetidos, en un orden determinado, hacen espejo, etc. cuando enciendes tu móvil y ves que justo en ese momento cambia del 10;00 al 10:01.

> *Mi hija pequeña de forma continuada y desde hace algunos años me enseña muy divertida las horas espejo en su móvil, en el mío, en el microondas o en cualquier reloj de la calle, creo que no hay día que al menos una o dos veces aparezcan.*
>
> *Ella, no cree en los Ángeles, eso son cosas de mamá, está en otro momento, si bien me lo paso genial viendo cómo se comunican con ella.*

Para mí este tipo de señales indican claramente que los ángeles están contigo, te invitan a vivir ese momento presente en el que aparecen, si además coincide con que te has hecho una pregunta o duda, siempre es un SI o un aviso de que estés pendiente que obtendrás de alguna forma la manera de conocer lo que necesitas.

En internet verás multitud de páginas dando un mensaje a cada tipo de hora espejo, te diría que no les dieras validez ya que son de revistas donde no hay fundamento alguno, buscan entretener, posicionar en Google y se inventan la mayoría de las respuestas.

> *Sonríe con tus horas espejo, son una señal de su presencia.*

Los números

¿Sueles ver el mismo número una y otra vez?, sí, uno determinado que te aparece a menudo, repetido o incluso en las cosas más inverosímiles.

Puede ser un dígito, dos de varios, más de dos o bien una secuencia de números determinada.

> *¿Has jugado a las matrículas de los coches cuando eras pequeña?*

Elegías un número, yo era la del 7, en función de cuantos 7 tenían las matrículas de los coches con los que te ibas encontrando, así te iba en el amor y le gustabas al chico que había en tu mente.

Mi mente cuando voy por la calle de forma sistemática va leyendo todo tipo de rótulos, carteles, anuncios, papeles pegados, haciendo juegos de sumas y combinaciones con los números, da igual que sean de portales, teléfonos en anuncios, matrículas, toda aquella información en la que mis ojos se posan.

> *Sé que hay más gente como yo, los números se hacen parte de tu vida y aprendes como el Universo se comunica contigo a través de ellos y sus combinaciones.*

Si lo unes a los Ángeles y seres de luz, es un extra alucinante, no solo las horas precisas aparecen por doquier, sino que **comienzas a ver secuencias numerológicas en muchos sitios, simplemente debes ser consciente.**

> Permite que tus ojos se posen en el ticket de la compra o en la factura del restaurante, el código del ascensor, el formulario que estás rellenando, juega y disfruta, otro mundo se abre ante ti.

¿Has hecho la compra en el super con montones de mini artículos de precios con céntimos y cuando vas a pagar suma 70,00 euros??? A mí, si me ha pasado, al igual que en la cuenta del restaurante o incluso el saldo de la cuenta corriente.

02:20

Si comienzas a probarlo, **deja de pensar que es una coincidencia y presta atención**, si quieres aprender a leer las respuestas de los Ángeles, seres de luz y del propio Universo, ha llegado el momento de dejar de lado las "coincidencias" y **aprender cómo funciona el lenguaje de la Energía.**

Nos encanta buscar una explicación exacta a todo

Es posible que quieras encontrar un significado exacto a cada secuencia o número, en este caso habría que hacer un tratado de numerología o bien hacer un libro completo sobre el tema, no tengo muy claro que realmente haya que buscar explicación textual a todo.

La escritora que más ha tratado sobre el tema de los ángeles, Doreen Virtue tiene un mini libro en el cual da diversos mensajes que están relacionados con los números, lo compré para ampliar información, no me aporto nada relevante, si bien la relevancia para cada uno de nosotros puede ser diferente.

Aunque te diré, que lo mejor es tomar estas referencias como señal y analizar el momento, lugar y entorno en el que ha aparecido, el resto muchas veces es buscar sugestiones sin mayor sentido.

O bien puedes jugar a ver si esa cadena de números significa algo descomponiéndola, si corresponde a la página de un libro, una fecha, etc. en este sentido una herramienta muy útil es un péndulo, te enseñaré a utilizarlo en su libro correspondiente.

Objetos

Descubrirás que hay objetos que cambian de lugar, no intentes encontrar más explicación, alguien ha podido moverlo allí guiado por los traviesos Ángeles ¿Qué más da?

Lo cierto es que significa algo, busca el significado de ese objeto, la relación que tiene contigo o con otras personas, el lugar donde ha aparecido o a la inversa, el lugar en el que estaba y del que ha sido retirado.

> *Muchas veces los Ángeles a través de los objetos nos indican que debemos retirar o bien donde realizar desapego material, para dar pasos y encontrar la respuesta que estamos buscando, para avanzar en el camino a la sanación en la luz.*

En otras ocasiones colocan objetos en lugares determinados para que revisemos esos lugares, **en ellos se encuentra la respuesta que estamos buscando, ellos ponen la señal nosotros debemos trabajar para encontrar el contexto.**

Mensajes en medios.

Radio, televisión, redes sociales, periódicos, revistas…

Conforme vayas leyendo este libro que forma parte del camino hacia la conexión con la luz y los seres angelicales, seguramente descubrirás que la palabra "Ángel o Ángeles" se repite a tu alrededor, simplemente sonríe y recuérdame en ese momento, **nuestras energías se unirán en la luz y el reconocimiento.**

> *Las respuestas y mensajes angelicales, pueden estar en todas partes, especialmente en un mundo global y lleno de comunicación como es el nuestro.*

Cuando enciendes la radio y de repente están conversando sobre lo que necesitas saber, o bien están cantando esa canción cuya letra tiene la respuesta que estás buscando; por cierto, comienza a hacerte consciente de la letra de las canciones que escuchas y el tipo de música, **es parte de lo que atraes a tu vida.**

Ese anuncio del periódico, esa recomendación de Google o un email que te ha llegado, incluso por error, ¿es casualidad o "causalidad" que responda a tu inquietud? ¿es cierto que estás recibiendo una respuesta?

Personas que te dan respuestas.

Ya sabes, la casualidad no es parte de esta experiencia, sino más bien, la "causalidad", esas conversaciones que se generan de repente y responden a tu tema de consulta o duda.

Cualquier persona, conocida o desconocida, con su mirada, con su experiencia, el simple acto que vemos en la calle, todo se convierte en el canal de recepción de nuestro mensaje de luz.

Ese encuentro causal con alguien del pasado o alguien que no conoces y de repente aparece en tu vida, dice una palabra y sí, sabes que no está allí por casualidad, es parte de la respuesta que buscas, es el MENSAJERO.

Permite, acepta

Permite que te lleguen los mensajes, para ello debes estar dispuesto realmente a recibirlos.

A través de las técnicas que veremos a continuación vas a prepararte para hacerlo, son un excelente canal de comunicación angelical que te permitirá conectar con estos seres de luz.

Una forma de abrir nuestra esencia a la recepción de mensajes es mediante afirmaciones o bien oraciones:

* Deseamos de forma clara ser receptores de los mensajes angélicos y de seres de luz.

* Programamos de forma consciente nuestros sentidos, de forma plena, para identificar las señales

* Permitimos que nuestro ego se rinda a la evidencia, SIN JUZGAR, sin sabotear la información que vamos a recibir.

Puedes usar esta afirmación, escribiéndola o repitiéndola interiormente, **hazlo al menos una vez al día durante 40 días para formar un hábito,** es importante que cuando hagas las repeticiones realmente lo hagas con SENTIMIENTO y emoción, así es como una afirmación cobra vida y se convierte en pura energía de atracción.

"Amados Ángeles y seres de luz,

Yo soy un canal de luz, permito y acepto, ser receptor de los mensajes y señales angelicales.

Dadme la claridad para entender las señales que me lleguen.

Permitid que mis sentidos se abran a la luz para ser consciente de su presencia y su significado.

Gracias por permitirme ser parte de este canal de comunicación de la energía de la luz y el AMOR, ser parte del TODO. Gracias, gracias, gracias. "

Cuando comiences a percibir de forma real las primeras señales, esos mensajes iniciales que puede que parezcan incluso confusos, es posible que tu mente lógica y consciente los niegue, son "casualidades", "no puede ser real", "mi imaginación es super poderosa y está jugando conmigo", esto es parte de la sugestión.

> Esa voz interna que tan bien conoces, es una experta saboteadora, aquí no va a fallar, te dirá que no es posible, que todo es una suposición de esa otra mente tuya que se empeña en creer.

Sin embargo, **la habilidad de canalizar siempre la has tenido**, tu mente no desea reconocer que existe y que has vuelto a recordar cómo usarla.

> Confía en tu trabajo, en lo que estás haciendo cada día para tomar ese hábito y hacer tu camino de desarrollo personal.

Seguramente ya estás recibiendo señales, tal vez una percepción, sentimientos, instantes en que incluso notas temperaturas diferentes, emociones que te llevan a motivarte o a la calma, respuestas que acuden en forma de eso que muchos llaman "intuición".

> **Eres un canal todopoderoso** y aún, no te has dado cuenta.

Estés en la fase que estés en este proceso, NO DESAFIES a los Ángeles pidiéndoles señales, hazlo con AMOR y HUMILDAD, cuando realmente lo necesites.

> Mantén tu alma y tu mente en serenidad, en equilibrio y armonía, sintoniza con su luz, recuerda que tu luz y la suya, son parte de la misma ENERGÍA, la energía todopoderosa del AMOR, la Divinidad.

Técnicas para conectar

Cuando realices las primeras conexiones angelicales vas a sentir que de forma general tu nivel de ansiedad baja, también el miedo o temor que pueda acompañarte en tu día a día será sustituido por un mayor nivel de decisión, aumentará la seguridad en ti mismo.

Toda técnica que utilices deberás usarla de forma recurrente para que puedas hacerte con ella, no aprendiste a conducir a la primera ni tampoco a montar en bici, tuviste que dar clases y practicar, te caíste varias veces hasta conseguirlo.

Siempre has sabido conectar con seres de luz y Ángeles, todos sabemos, al igual que sabemos meditar o canalizar la energía a través de las manos, simplemente no nos acordamos y debemos trabajar para recordarlo.

La práctica hace al maestro.

La conexión y canalización angelical y con seres de luz se irá expandiendo conforme la utilices de forma habitual, **si quieres instaurarlo como hábito y que sea parte de tu vida debes hacerlo al menos durante 40 días.**

Limpia tu Espacio

Sí, limpia tu espacio, mejora la energía de tu alrededor.

¿Cómo hago esto?

He escrito un libro completo sobre este tema, cómo hacer cambios en la energía de forma rápida, trabajar el desapego, hacer espacio, deshacerte de todo lo que te ancla y te impide avanzar; en él hay numerosos rituales y técnicas para limpiar el espacio de energías negativas.

Ese libro se llama Feng Shui Urgente, no habla de decorar, tampoco de Baguas, elementos, ni hay que saber de nada para trabajar con él, solo es necesario ponerse en marcha y trabajar de verdad.

Un poco más adelante te doy algunas técnicas de limpieza energética para preparar el espacio en las canalizaciones angelicales.

Despertando tu YO

Estoy segura de que muchas veces has escuchado hablar de la intuición, la videncia y clarividencia, realmente vamos a centrarnos en la primera, en la intuición, aunque la posibilidad de ir hacia las dos siguientes es mucho más sencilla y real de lo que imaginas, sobre todo cuando **nos permitimos a nosotros mismos la ACEPTACIÓN de lo que percibimos y sentimos.**

Aceptamos lo que viene.

Aunque habría muchas formas de definir la intuición, en este terreno de seres angelicales y de luz puede tal vez sonar a algo místico y que te haga "volar", alucinar... nada más lejos de la realidad, aunque haya quien posiblemente si experimente este tipo de conexiones.

Todas las personas tenemos intuición, podríamos decir que intuir es cuando nuestra voz interior nos ofrece una idea o respuesta clara, sin discusión posible, no necesitamos e incluso tal vez no podemos razonarla, sin embargo, sabemos que es así.

Es importante **diferenciar entre una creencia arraigada y una intuición**, la emoción interior es distinta.

La mayoría de las personas desestiman sus intuiciones, las rechazan y las apartan a un lado, cuando luego ven que son reales sienten inseguridad y miedo, se sienten mal e incluso desconfían de ellos mismos.

Aunque las voces populares dicen que las mujeres en general son más intuitivas que los hombres, decirte que no es así, lo que si es cierto es que las mujeres hablamos más de ello y en cierta medida "nos permitimos más", tanto hablar como sentir este tipo de cosas.

¿Te he dicho que TODO y TODOS somos energía? Creo que sí y posiblemente varias veces, tomando esta premisa como punto de partida si todos somos energía todos estamos UNIDOS en ella, podríamos decir que TODOS estamos CONECTADOS.

En ese TODOS incluyo en este momento a las otras PERSONAS y por supuesto a los ÁNGELES y SERES DE LUZ.

Cuando permites que tu intuición se despierte, puedes recibir mensajes de luz, ya sean Ángeles, personas fallecidas o maestros ascendidos, eso también implica que puedes recibir mensajes o señales que no son para TI, sino para otras personas que están conectadas de alguna manera a tu karma.

Vamos a trabajar a continuación con diferentes técnicas que te permitirán abrir tu intuición y especialmente el canal de conexión para la recepción de respuestas angelicales y señales de los seres de luz, conforme vayas avanzando en su práctica será el momento de ir haciendo pequeños avances, prácticas o juegos.

Se aprende JUGANDO

Cuando DISFRUTAS y JUEGAS, te diviertes con los que haces; entonces realmente aprendes y pisas el acelerador a tope e incluso pones el turbo. ¿Qué hacer para ir avanzado y cada vez tener más claridad y menos dudas?

> Comienza por hacer pequeñas preguntas a los Ángeles y seres de luz, además de prestar atención a las posibles señales, permite que te ayuden con cosas… diríamos triviales.

Elegir la ropa del día de hoy, visualizar el lugar donde vas a aparcar, saber si es necesario o no abrir el buzón… esas cositas. Eso sí, no se lo pongas como un desafío, se trata de divertirnos juntos y comenzar a CONFIAR.

La meditación

La meditación o bien lo que se conoce como **técnicas mindfulness.**

Ahora está muy de moda enfocar todo lo que es meditación hacia mindfulness, en cierta medida una cosa lleva a la otra.

Cuando entramos en estado de meditación o de relajación profunda, permitimos que nuestra mente pase a la calma, dejamos que quede en ese curioso vacío en el cual nos permitimos de alguna manera **la escucha de nuestro interior,** ese es el momento ideal para recibir los mensajes de los seres de luz.

> Sentimientos, voces, sonidos, intuiciones, visualizaciones, imágenes.

"… ayudarte a parar tu mente, a relajarla, a rebajar el estrés, la ansiedad, el miedo… todo eso que hace que te agotes de una forma u otra, llegando incluso a enfermar, sin embargo…

Hay algo que seguramente ocurrirá en un momento u otro, puedes aceptarlo o bien, puedes dejar que pase de largo, hablo de esa conexión con tu interior.

Únicamente cuando nuestra mente para y nos dejamos llevar hacia la calma, hacia ese "vacío", puede aparecer esa parte interior, esa parte a la que nos empeñamos en empujar hacia dentro en este mundo real en el que vivimos.

Es en ese punto de inflexión donde encontrarás las respuestas que necesitas.

Aparecerán, aunque te niegues a formular las preguntas, descubrirás también la realidad, sobre cómo te sientes y lo que deseas, se mostrará tal cual es.

Aceptarla o no es parte de tu proceso, no es mi misión sino la tuya, por lo que en ese momento habrá nuevos caminos a tu disposición para que puedas explorarlos, si ese es tu deseo.

Cuando se trabaja la atención plena para sentirnos bien, es cuando mejor funciona.

Nos empeñamos muchas veces en buscar resultados, intentar llegar a realidades que no lo son, engañarnos y disfrazar en nuestra mente cualquier costa.

Con Mindfulness nos unimos a la vida real, al mundo cotidiano en el que vivimos, al conectar con esa nueva "atención plena" nuestros ojos se limpian, comenzamos a ver la verdadera naturaleza de las cosas."

(Mindfulness sin complejos. ¿Relajarse o Meditar)

Todo es válido, no des nada por obvio, en función de cuál sea tu canal de comunicación más avanzado, lo más seguro es que el ser de luz que desee conectar contigo lo utilice.

Cuando estás en ese estado de conexión y meditación, puedes hacer preguntas a los Ángeles o seres de luz con los que has conectado.

A través de la meditación conectamos y aprendemos a sensibilizarnos de alguna manera con ellos, abrimos nuestros canales de comunicación y ampliamos la percepción para recibir mensajes y entenderlos.

Todo el conocimiento que necesitas está en tu interior, todos estos procesos están aquí únicamente para recordártelo, trabajaremos con esta técnica más adelante ya que es la llave maestra para la CONEXIÓN de LUZ con cada Ángel y el acceso a la sanación angelical.

La Escritura

¿Has escuchado alguna vez hablar de la escritura automática?

Una vez se entra en un estado de conexión o relajación profunda permitimos a nuestra mano que escriba lo que ella desea, dejamos que fluya, sin pensar, que dibuje si eso es lo que quiere, que trace rasgos sin sentido, dejamos libertad absoluta a la manifestación de la energía.

Esta técnica se usa para muchas cosas, no solo para conectar con seres angelicales; es cierto que se necesita practicar para obtener resultados fiables, así como saber entrar en el estado de relajación profunda y ante todo, **darse el permiso de dejarse fluir, de no dirigir tu mano, no juzgar ni esperar NADA.**

1. Prepara un cuaderno con hojas en blanco y déjalo abierto delante de ti, toma también un bolígrafo o rotulador, los lápices se gastan antes y se parte la punta con facilidad.

2. Cierra tus ojos o véndalos.

3. Entra en un estado de calma y comienza a respirar profundamente hasta llegar al estado de relajación o meditación, permite que fluyan los pensamientos que quieran molestar, obsérvalos con amor, hasta que se marchen.

4. Enfócate de nuevo en ti, simplemente pide:

> *Estoy preparada para recibir la información angelical y mensajes en la Luz, acepto mi misión.*
>
> *Que mi mano y mi energía sean para TI*

5. Relaja tu mano, toma el bolígrafo y deja que los Ángeles empiecen a generar un escrito, un dibujo, lo que sea que tu mano desee hacer.

> *No eres tú, son seres alados envueltos en su luz enviándote sus mensajes o instrucciones.*

Es necesario practicar varias sesiones para comenzar a ver los primeros resultados, constancia y si eres paciente al trabajar este canal, te va a encantar.

Muy importante, **no insistas en manejar tu mano**, si ejercer control o pretendes forzar la comunicación, no obtendrás resultados.

Los sueños

Esta es una de las técnicas más sencillas de realizar, funciona muy bien y ofrece buenos resultados.

Como cualquier otra técnica es necesario que practiques para comenzar a ver resultados, con el tiempo este tipo de canalización se convierte en un hábito y parte de tu rutina, por lo que a futuro no necesitarás hacer casi nada para recibir durante el sueño las respuestas que necesitas.

> *La conexión a través de los sueños es una técnica muy poderosa, nos recuerda el increíble poder interior que tenemos y que se despierta durante el sueño, podemos traerlo hasta nuestra realidad, hasta la consciencia, para ello solo necesitamos enfocar para recibir.*

Cuando dormimos nuestra mente se aquieta, **el momento previo a dormirnos es muy similar a cuando entramos en relajación mindfulness o meditación**, ese momento en que el ego queda a un lado, nos permitimos sentir y observar sin juzgar, los sentidos perciben y se abren al mundo, tanto exterior como interior.

> *"Dormir es la mejor meditación"* Dalai Lama

> *"Porque Dios habla repetidamente en sueños, en visiones nocturnas, cuando el sueño profundo cae sobre los hombres mientras yacen en sus lechos. En tales ocasiones Dios les abre los oídos y les da sabiduría e instrucción…"* Job 33 14-16

Cuando estamos despiertos nuestros sentidos están alerta, conscientes de lo que debemos hacer, como dirigirnos, atentos a nuestra tarea de cada momento.

Cuando dormimos, la mente consciente se aquieta, se aleja y en cierta medida llega el subconsciente, el que puede o no dirigir nuestros sueños y a través de los mismos permite que afloren nuestros miedos, angustias, situaciones que nos preocupan, lo que reamente sentimos y lo que nos negamos a ver en modo consciente, aunque puedas pensar que son "sueños sin sentido".

> En ese trance que lleva al sueño nuestro ego también se adormece junto con la mente consciente, el intelecto.

Este proceso se convierte en el momento ideal para **pedir, de forma consciente, recibir mensajes de Ángeles, seres de luz y maestros ascendidos**; así como trabajar nuestro subconsciente para que haga lo que nosotros deseamos necesitamos de alguna manera darle instrucciones, para que trabaje por nosotros en ese estado, así que vamos a prepararnos para DORMIR.

Aunque no es necesario hacer nada especial, hay dos detalles a tener en cuenta que te permitirán avanzar más rápido y con mejores resultados.

1.- **Procura iniciar el sueño en una postura abierta, expansiva**, es decir que las manos y brazos no estén cruzados sobre el pecho, las piernas tampoco deben estarlo.

Aunque posteriormente pases a dormir en lo que se denomina postura fetal o cualquier otra, en este primer momento en el que vas a pedir a los seres de luz que trabajen durante tu sueño, procura estar tumbado boca arriba y con las manos abiertas.

2.- En la posición anterior **une las palmas de las manos**, exactamente igual que cuando rezamos, las manos juntas, esta posición es un mudra, un gesto simbólico o ritual con el que se simboliza una oferta de conexión, de comunicación.

Aunque pueda parecer que estás rezando, no tiene ningún tipo de connotación religiosa.

También puedes colocar los brazos a los lados de tu cuerpo y colocar las palmas abiertas hacia arriba, este gesto indica que estamos dispuestos a dar y preparados para recibir.

> Visualiza alrededor de ti una esfera de luz blanca, semitransparente, una gran burbuja de protección, paz y amor.

Haz respiraciones profundas, es bastante sencillo si sigues las instrucciones que te doy a continuación, toma aire, es indiferente si lo haces por la boca o la nariz, inspira y llena tu estómago, luego suelta el aire, igualmente es indiferente que lo hagas por la nariz o la boca.

Si quieres añadir un extra muy poderoso, puedes unir a este proceso la numerología, en este caso vamos a trabajar con el número 7, yo la llamo **RESPIRACIÓN CONECTIVA** ¿cómo se realiza?: Haremos exactamente 7 respiraciones profundas

* En cada inspiración toma aire mientras cuentas hasta 7, paramos y contamos nuevamente hasta 7, ahora suelta el aire mientras cuentas hasta 7, paramos de nuevo y volvemos a contar hasta 7, comenzamos de nuevo inspirando y contando.

> *El 7 es un número cargado de energía mística, atrae la percepción y la intuición, nos ayuda a conectar a nivel metafísico, en la meditación, a través de la espiritualidad, abre los diferentes niveles para permitirnos encontrar lo que los demás no pueden ver, capta lo oculto.*

Siente como en cada una de tus inspiraciones y expiraciones, la esfera de luz blanca que te envuelve se expande, te inunda al completo y sientes un profundo bienestar, si duermes con otra persona sentirás que tu halo de luz también la protege.

Una vez has terminado tus respiraciones es el momento de dar luz a tu pregunta, es importante que antes de comenzar todo el proceso hayas aclarado tu mente y tengas claro lo que vas a preguntar y cómo.

Si has elegido anticipadamente un Ángel, debes dirigirte expresamente a él por su nombre, si tiene características especiales que recuerdas como su rayo de energía o algún otro símbolo característico, puedes visualizarlo con ellas.

> Es indiferente lo que preguntes, solamente debes tener claro qué quieres preguntar y formular tu pregunta de forma clara y concisa.

> Particularmente me gusta utilizar la opción de simplemente ACEPTAR los mensajes que tengo que recibir, sean los que sean.

Muy importante, una sola pregunta por sueño.

Invoca a tu Ángel y recuerda, siempre, siempre, da las gracias por anticipado por los mensajes que vas a recibir, con profundo agradecimiento y sentimiento auténtico de gratitud.

> *"Amado Ángel (nombre si lo tiene), gracias por el mensaje que voy a recibir, necesito respuestas, luz sobre el tema*

> *(aquí debes expresar tu pregunta, lo que deseas saber)*

> *Gracias te doy por tu ayuda, siento tu luz que me envuelve y te amo por ello, gracias por estar en mi camino, estoy preparado para recibir tu mensaje. Gracias"*

Repite esta oración varias veces, si no te duermes antes… si te duermes, felices sueños.

Duerme con la tranquilidad de que tu mensaje ha sido recibido y siente como la esfera de luz creada se une contigo en esa paz que lleva al sueño, al abandono del ego y la consciencia para recibir.

Cuando despiertes seguramente te acompañará una sensación de tranquilidad, de sosiego y bienestar.

Esta es la siguiente pregunta que me vas a hacer. **¿Cómo puedo saber si he recibido la respuesta que buscaba?**

La información que has recibido durante el sueño está en tu subconsciente por lo que hay muchas formas de traer esa respuesta al mundo consciente.

Si nada más despertar recuerdas algo es importante, debes anotarlo lo antes posible para no olvidarlo, ya lo analizarás más tarde.

Algunas personas durante estos trabajos angélicos **dejan una libreta especial con un bolígrafo al lado de la cama,** de esta manera nada más despertar apuntan todo lo que recuerdan.

Si no recuerdas nada, tranquilidad, todo está bien, ellos te guiarán a través del subconsciente y dejarán señales y mensajes para que esa respuesta aflore, incluso si vas a enfrentarte a una situación determinada que está relacionada con tu pregunta, en ese momento sentirás con claridad que debes hacer o bien, ese será el momento en que determinadas señales te guiarán.

Las oraciones angelicales

*Podemos definir las **oraciones angelicales como invocaciones**, frases que repetimos, textos preparados que podemos utilizar de forma habitual como si fueran mantras de conexión.*

Cuando comenzamos a trabajar con los Ángeles, puede que no estemos preparados para conectar de forma directa y hablar con ellos, este tipo de invocaciones son muy útiles.

Repetir una Invocación

Repetir nos permite identificar algo como nuestro, aceptarlo, al reconocer nuestra memoria las palabras de las sucesivas repeticiones nos ayudan a calmarnos, abrir nuestro corazón y mente, nos permiten **abrir nuestra puerta a la luz.**

Habla en voz alta

Si cuentas con un lugar recogido, sobre todo al principio, te recomiendo que las sesiones de conexión las hagas en solitario, así podrás incluso hablar en voz alta.

Hablar en voz alta **limpia las resistencias de nuestra alma y nos abre a la conexión angelical.**

Puedes cantar, invocar a tu Ángel o repetir una invocación general para abrir tu espíritu hacia la conexión.

No es necesario en estas invocaciones que sigas el manual, al principio es posible que te ayuden los textos que he preparado en este libro, conforme avances en tus experiencias serás capaz de expresarte con tus propias palabras.

Para mí las afirmaciones e invocaciones cortas, son realmente poderosas, me permiten parar mi mente y mi alma, encontrar ese vacío interior donde escuchar el mensaje de mi Ángel.

Recuerda que los Ángeles siempre están a tu lado esperando que los llames y los invoques y deseosos de llenarte de su alegría, paz y amor.

Una manera sencilla de tener claro que nuestros amigos angelicales están siempre con nosotros es conectar con ellos de forma habitual.

Las personas que conectan de forma diaria con los Ángeles y les ayudan en su misión de facilitar la armonía en este mundo y la felicidad de la humanidad, acaban convirtiéndose en **trasmisores de los seres angelicales para recibir sus mensajes y trabajar con ellos.**

Conectar con los Ángeles de forma habitual produce cambios en tu vida.

Cambios que irás notando poco a poco, tu entorno mejorará, te sentirás mucho más dichoso, mayor bienestar, calma, menos estrés y ansiedad, tu nivel de alegría y felicidad se elevará.

Conectar con la Luz te permite mejorar tu nivel vibracional

Al elevar este nivel de energía a una escala superior podrás afrontar las dificultades y los problemas de forma más positiva y satisfactoria, los obstáculos al verlos desde más arriba, serán más pequeños y por ello más fáciles de solventar, en cierta medida la velocidad de la vida se incrementa, todo pasa mucho más rápido.

Oráculos y Cartas de Ángeles

Las cartas, un complemento ideal para aprender a canalizar los mensajes, conectar con la energía angelical y recibir respuestas, excelente para el desarrollo personal y espiritual.

Este es el resultado de una canalización constante y consciente.

Al principio del libro has podido descargar una serie de imágenes en forma de tarjeta para imprimir, puedes darles el nombre que más te guste:

Oráculos Angelicales, Cartas Guía, Cartas de Ángeles, Tarot Angelical

Están preparadas expresamente, trabajé con el artista que las ha realizado para que cada uno de los Ángeles reflejara la mayor parte de sus atributos, cualidades y simbología.

Te diré a modo de curiosidad que es increíble como de los primeros bocetos, más fríos, sin vida, a la entrega final, la luz fue ganando espacio en cada imagen, observo además como la primera imagen terminada no tiene nada que ver con la vida y luz que tienen todas las demás. Gracias por tu bello trabajo.

¿Cómo utilizar el juego de cartas?

Estas tarjetas puedes usarlas de diferentes formas.

Mensaje Angelical

Coloca todas las tarjetas juntas, boca abajo para que no puedas ver el Ángel que hay en cada una de ellas.

Cierra tus ojos y realiza algunas respiraciones profundas.

Toma entre tus manos el conjunto de tarjetas, siente su energía, pon tu intención en ellas, siente como tú energía las envuelve, conecta, siente como se hacen parte de ti, hazte consciente del tacto del papel, el olor que desprenden, visualiza los colores del reverso de las cartas, siente si están frías o calientes…

En tu mente visualiza y da forma a tu pregunta, tu deseo, aquello que necesitas de ellos.

O simplemente, PIDE recibir tu mensaje.

Toma el tiempo que necesites para formular tu pregunta, si tienes dudas te recomiendo leas de nuevo el **capítulo "Eligiendo el mensaje"** para tener claras las pautas y despejar dudas, así obtendrás eficacia y recibirás una respuesta mucho más clara.

Una vez en tu mente esté clara, ya sea una pregunta, una duda, inquietud, dale forma verbaliza interior o exteriormente en voz alta, abre los ojos, toma las cartas de nuevo y estíralas delante de ti, colócalas sobre la mesa, la cama, donde estés.

Cierra de nuevo los ojos, da las gracias por las respuestas y ayudas que vas a recibir.

Permite que tu mano sea la que elija la carta o cartas, déjate llevar, puede que salga una sola o incluso dos o tres a la vez, esto es posible ya que algunas veces puedes tener varios mensajes que leer, las cartas contienen tus respuestas.

Busca el Ángel en el libro y lee su mensaje

Analiza sus cualidades, características que lo hacen especial, las áreas o facetas sobre las que actúa de forma más concreta, en donde se enfoca su poder de sanación.

111

Reflexiona sobre el mensaje, es posible que no hayas tenido en cuenta variables que la respuesta te está ofreciendo.

¿Qué niegas o que no deseas hacer? ¿Dónde están los bloqueos?

¿Qué no estás aceptando?

¿Aceptas? ¿Asumes tu responsabilidad? ¿La culpa es de otros?

¿Realmente has perdonado?

¿Estás permitiendo que se marche? ¿estás dejando que se vaya lo que deba de irse?

Trabaja el desapego, suelta, permite que haya espacio en tu vida si deseas cosas nuevas.

Perdona, no solo a otros sino en primer lugar a TI, la primera persona a la que debes perdonar para ser libre es a ti misma.

¿A quién o qué estás juzgando?

Realmente ¿vives en positivo o tal vez no dejas de protestar al Universo por lo que no tienes y piensas que deberías tener.?

¿Dónde enfocas? ¿En lo que tienes o en lo que no tienes?

Ángel del día

Esta consulta angelical me encanta, una herramienta muy poderosa para comenzar cualquier día, si lo conviertes en un pequeño hábito te hará salir de casa con una gran sonrisa en tu cara y con tus objetivos mucho más definidos.

> Pon un Ángel en tu vida

Toma tu juego de cartas angelicales, cógelas con tus manos y siente su energía, son TODO AMOR. Cierra los ojos.

> *Da las gracias, sonríe mientras lo haces.*
>
> *Da las gracias una y todas las veces que se te ocurran*

Gracias por el día de hoy

Gracias por el mensaje que voy a recibir

Gracias por estar viva

Gracias por el aire que respiro

Gracias por el dinero que tengo en el Banco

Gracias por mi familia, por las personas que amo

Gracias por todas las experiencias que voy a vivir HOY

Gracias por el agua de la ducha

Gracias por el descanso de la noche, porque he dormido bien o por el rato que he podido dormir

Gracias por el café, por el desayuno

Gracias por el sitio increíble donde voy a aparcar el coche

Gracias por las personas que voy a conocer hoy

Gracias, gracias, gracias

Si has abierto los ojos y no estás sonriendo, es que no estás poniendo emoción y sentimiento en cada una de las Gracias que estás dando, si realmente SIENTES, das EMOCIÓN a tus palabras, el agradecimiento es una energía que siempre funciona, te hace llenarte, sentirte plena y siempre, siempre… acabas por SONREIR.

> Permite que tu mano te guíe, elije una sola de las cartas que tienes en la mano, puedes moverlas, barajarlas, toma simplemente una.

Observa al Ángel de HOY

Está aquí para acompañarte en el camino, para darte su energía, enviarte su rayo de luz sanador y compartir contigo un mensaje muy especial.

Ve a la lista de Ángeles y lee lo que tiene que decirte.

Hoy tu día se llena de LUZ

Azar Libre albedrío

Una opción que me encanta, aunque reconozco que se me olvida usarla, es abrir el libro sin más, por donde salga, al azar, sea la página que sea.

Esta es una forma de trabajo que se utiliza mucho por ejemplo con libros del tipo "Un curso de Milagros", con la "Biblia", "Una Vida Extraordinaria", "La Voz de tu Alma" y muchos otros textos de conocimiento metafísico.

Una vez abierto, lee la página que te ha aparecido, haz tuyo lo que dice, interpreta, reflexiona y piensa a lo largo del día por qué ese mensaje, debe ser parte de tu día.

Este proceso tiene un nombre y es bibliomancia:

> *"La Bibliomancia consiste en abrir al azar un libro cualquiera, formulando o no una pregunta, leer el primer párrafo que aparezca teniendo la mente abierta para escuchar los mensajes e interpretar las posibles respuestas."*

> **Bibliomancia** *proviene del griego Biblion, «libro»; y Manteia, «adivinar».*

¿Por qué se abre una página y no otra?

Es la misma pregunta que harías si habláramos de runas, cartas del tarot, I Ching, unos dados... Sincronicidad, pura ley de la atracción.

Tu pides una respuesta y el Universo simplemente la pone en tu mano, en esa página que has abierto, es como cuando piensas en una persona determinada y de repente esta te llama o te la encuentras de casualidad.

Conexión y canalización

Este es el trabajo más completo junto con el de sanación de la tercera parte del libro que vas a realizar.

12:11:21

Te diría que lo ideal es ir tomando cada una de las tarjetas e ir viendo de forma general cada uno de los seres de luz, tomar notas de las emociones, sentimientos o visualizaciones que pudieran surgir en este paso inicial.

Ahora vamos a conectar y realizar la canalización de luz.

Los pasos e instrucciones que voy a detallar ahora, son exactamente iguales para cada uno de los Ángeles, únicamente debes ir combinando las especificaciones de cada uno que vienen claramente identificadas en la ficha del Ángel correspondiente.

Primeros pasos:

* Espera un mínimo de 3 días para conectar entre un Ángel y otro, es necesario para que se asienten las energías recibidas y puedas recibir mensajes claros.

* Es posible que posteriormente a la canalización puedan aparecer pequeños dolores de cabeza, síntomas similares a un resfriado, mucosidad, sueño excesivo, mayor vitalidad, falta de ganas de comer... decirte que estos signos indican que posiblemente estés sanando y tu cuerpo está respondiendo.

> El no tener estos signos, NO SIGNIFICA QUE NO ESTÉS SANANDO, simplemente tu cuerpo funciona de otra forma y seguramente estarás recibiendo señales de otro tipo muy poderoso.

* Aunque puedes llevar el orden que desees te recomiendo que siempre comiences por los 7 primeros Ángeles, luego puedes ir alternando según desees.

* Toma nota de las emociones, sentimientos, visualizaciones que has tenido en cada canalización, especialmente de las preguntas, señales que has pedido y por supuesto, de las señales recibidas y respuestas, sean del tipo que sean.

> Es posible que algunas respuestas tarden en llegar varios días, se consciente de tu entorno y no dejes pasar lo que parece "casual".

El camino hacia la Luz

Una vez elegido el Ángel con el que vas a realizar la conexión selecciona su tarjeta, reserva aparte y con ella en la mano o sobre el libro, lee el detalle del mismo.

Cómo y qué vas a utilizar para la conexión angelical, es una de las partes más bonitas y que aportan una gran luz en el proceso de sanación, el lugar donde vas a realizar la conexión, los materiales.

Ve al apartado que pone **"Ejercicio Angélico con …. "**

> Aquí tienes los materiales que puedes o no introducir en tu ritual de conexión y canalización en la luz, elige los que desees, anótalos en tu cuaderno.
>
> Si vas a elegir algún tipo de posición, mirar hacia algún punto cardinal, etc. anótalo.

Accede al apartado de Guía de Ángeles y mensajes, hay diversas tablas con información variada que puedes también utilizar a tu favor, puedes incorporar cualquiera de las variables si es de tu agrado hacerlo. Anota en tu cuaderno.

> Deja que tu intuición hable, a veces lo más sencillo es lo que mejor funciona.

Anota la **clave de canalización**, sobre todo al principio es importante que la utilices dentro de la meditación en la luz, cada Ángel tiene una específica, con el tiempo crearás tus propias visualizaciones en base a tu experiencia.

En último lugar anota la invocación que he preparado para el Ángel elegido.

> Ha llegado el momento de la búsqueda de materiales, disfruta del proceso y no te pierdas los detalles que la "causalidad" seguramente va a poner en tu camino: juega, disfruta y siente en la luz.

Preparando el espacio

Como experta en Feng Shui y energía siempre me gusta añadir extras, algunas recomendaciones sobre cómo preparar el lugar que vas a utilizar para realizar este tipo de canalizaciones.

Para mí siempre hay algunos básicos:

* Procura no sentarte de espaldas a la puerta.

* La habitación debe haber sido ventilada con anterioridad

* No elijas un lugar lleno de trastos o con energía atascada, es mejor una terraza al descubierto o tu habitación, que un garaje oscuro donde almacenas de todo.

* El incienso hace magia en casi cualquier espacio.

Comparto contigo dos rituales de limpieza energética que funcionan muy bien para las conexiones con seres de luz, ambas forman parte de mi libro "Feng Shui Urgente. Rituales de Limpieza" disponible en Amazon.

Están ajustadas para una habitación, si lo haces en toda la casa, notarás una gran diferencia en tu espacio personal al completo.

Palmadas, aplausos

Esta técnica es muy vivificante a la par que divertida, mueve mucha energía personal y es una de mis favoritas.

Recorreremos la habitación desde la puerta, entraremos y limpiaremos siempre según el sentido de las agujas del reloj, de izquierda a derecha, hasta terminar nuevamente en la puerta.

> Esta es una limpieza que me hace conectar mucho con mi interior.

Es cierto que también es algo cansada.

A veces acabas con las manos doloridas o dormidas, y los brazos también hacen su trabajo. Sin embargo, es tan vivificante y me hace sentir tan bien que no tengo ninguna duda en hacerla siempre que puedo.

> Es genial la conexión de la energía del espacio con la personal. Se hace muy fuerte, como si se tratara de una meditación trascendental.

Iremos dando aplausos en todas las esquinas y rincones, pasando por las paredes, de arriba abajo o de abajo a arriba, como nuestra intuición nos indique, ya que no es necesario seguir un esquema prefijado.

La fuerza o el sonido que vamos a imprimir a las palmadas será algo que nuestro interior irá dictaminando; unas veces será más rápido, otras más lento, más sonoro o más apagado.

En este sentido, nuestro movimiento se ajustará solo a la densidad de la energía del espacio en el que estemos trabajando. Es necesario que te dejes llevar, que fluyas con la cadencia y no trates de imponer un ritmo determinado.

> Habrá lugares en los que los aplausos sonarán apagados y otros en los que serán muy vibrantes.

También habrá lugares en los que sabremos que debemos estar más tiempo aplaudiendo que en otros. La práctica nos permitirá ver qué tipo de aplausos, ritmo y vibración salen en cada lugar. Esto está relacionado con la energía que hay.

Con el tiempo irás aprendiendo lo que significa e identificando los diferentes tipos de energía que vas encontrando.

Esta limpieza es muy vivificante, ya que permite a la persona que la realiza recargarse de energía a la vez que trabaja en el proceso.

En muchas ocasiones, cuando alguien me ha comentado que estaba de bajón, un tanto deprimido o falto de energía, le he enviado las instrucciones para realizar este tipo de limpieza.

> Aquellos que se han atrevido a hacerla siempre me han escrito después para darme las gracias y, por supuesto, para compartir conmigo sus experiencias, cosa que ya sabes que me encanta; aprendo mucho de todos vosotros.

Es un trabajo interior importantísimo a la vez que potente, ya que te conecta también con tu cuerpo. Al realizar un ejercicio físico, sonoro y de reconocimiento del movimiento de energía, unes la parte energética con la física.

Si eres terapeuta o bien practicante de terapias alternativas de sanación —incluso si haces reiki— te la recomiendo de forma muy especial.

La técnica del humo

El humo está directamente relacionado con el aire, ya que es el medio en el que se mueve y lo transporta.

> El humo es la conexión con los espíritus y dioses desde hace miles de años.

Si visualizas una columna de humo normalmente será en un movimiento ascendente; se eleva hacia la divinidad.

Una forma de purificación de los budistas es pasar el humo del incienso por sus cuerpos y manos a la entrada de los templos —semejante a lavarse con él—, así como inspirarlo para llevarlo hacia el interior y de esta forma unirlo a su espíritu.

Toca ahora hablar del incienso, un material que podemos utilizar como complemento de cualquier tipo de limpieza y por supuesto también para un mantenimiento posterior.

> ¿Quién no ha encendido una varita de incienso alguna vez?

Su olor penetrante nos hace inconscientemente sentir y saber que la estancia se ha purificado.

Podemos utilizarlo siempre que queramos. Es ideal para **limpiar el ambiente de una estancia de forma rápida, por ejemplo, cuando se ha producido una discusión** o simplemente está cargado.

En cuestión de inciensos, al igual que en aceites esenciales, encontramos desde los aromas originales a aquellos que tienen mezclas especiales de olor, o incluso que están preparados a nivel Feng Shui o mágico.

Si únicamente quieres mejorar la estancia, prende el incienso en un soporte y deja que su aroma impregne el lugar.

Al igual que cuando se enciende una vela, recuerda utilizar para ello una cerilla de madera; cuando la prendas pon tu intención en la energía positiva que vas a recibir.

Si quieres hacer una limpieza más profunda, toma en tus manos la varilla de incienso o el soporte donde has colocado las barritas y ve recorriendo con ella la estancia. Es indiferente que lo hagas en un sentido o el otro, deja que tu interior te guíe y disfruta con el ritual.

Acostumbro a hacer dibujos con el humo.

Utilizo geometría sagrada, así como símbolos de sanación e incluso de reiki, sobre todo en aquellos lugares que considero más especiales para que la energía buena esté presente y para potenciarla.

Es bueno y recomendable que en cada ritual conectes con tu interior.

Inspira profundamente llenando el estómago y, si es posible, deja tu mente en blanco. Cada uno de estos rituales es un momento especial para disfrutar en plenitud de lo que estás haciendo.

Centra tu atención en la varita de incienso que tienes en la mano y visualiza cómo se mueve el humo, elevándose y serpenteando hacia arriba.

Permite que su olor te embriague y se funda con el aire de tus pulmones.

Cierra tus ojos y disfruta de este momento, este segundo tan intenso.

Conecta con la Luz

Ha llegado el momento, has elegido tu espacio, está preparado y limpio a nivel energético.

Habrás decidido previamente si tendrás o no un altar, antes de que preguntes te diré que no es necesario, puedes colocar todo en el suelo delante de ti, únicamente te diría que coloques algún tipo de mantel o paño, como señal de respeto general.

Cuentas con los elementos que vas a utilizar, tienes preparada la invocación y tú clave de canalización, también ya has hecho tuyo el Ángel elegido para conectar en la luz, ya que desde que lo has elegido está acompañándote.

Posiblemente te dirán que es necesario que te duches antes, o bien te laves las manos e incluso que vistas de determinada manera.

Siente **libertad absoluta para seguir todos los rituales que te hagan sentir bien**, de forma general a nivel ropa:

* El blanco, representa todos los colores, la mayoría de los terapeutas te recomendará esta opción que es la básica para no complicarse la existencia.

* El negro que es el color de la maestría para quien se atreve a llevarlo

* Puedes jugar con la cromoterapia o utilizar el color que define a tu Ángel si hay uno, esta opción me encanta.

Ponte siempre ropa cómoda, suelta, con la que te encuentres bien, intenta evitar en la medida de lo posible que en las prendas haya dibujos terroríficos, poco positivos o con mensajes "que no cuadren" con lo que estás haciendo, también un exceso de estampados.

* Te recomendaría que te quitaras pendientes, pulseras, cadenas, collares, especialmente si usas muchos, permite que tu YO fluya mejor, sin abalorios, lo más natural y auténtico posible en la conexión de luz.

- Coloca todos los elementos que vas a utilizar
- Toma la tarjeta con la imagen del Ángel y colócala frente a ti, donde puedas verla.
- Toma tu cuaderno, es el momento de trabajar con la invocación.

Te recomiendo que leas la invocación, aunque la hayas revisado antes, si algo debes añadir o cambiar este es el momento de hacerlo.

Debes sentirte cómoda con ella, identificarte con el lenguaje y las palabras que vas a utilizar, ya que de alguna manera la has de memorizar y repetirla al comienzo.

Una vez arreglada, escríbela de nuevo con letra clara en una hoja pequeña y déjala a mano para ser utilizada al comienzo de la canalización.

También **puedes escribir en otra hoja tu pregunta, deseo, solicitud...** puedes o no hacerlo, es voluntario como todo en este proceso, siente libertad absoluta y permite que tu interior te guíe.

Si escribes tu pregunta, dobla esa hojita y ponla debajo de alguna de las velas o elementos que vayas a usar, incluso pegada con celo en la parte de atrás de la carta de tu ángel.

Antes de comenzar, es recomendable beber un gran vaso de agua, el agua en nuestro cuerpo, si hablamos de canalizar energía, permite que ésta circule de forma más rápida, ayuda y mucho si eres principiante.

Puedes poner música de fondo relajante, a mí me encanta hacerlo, busca un audio muy largo para que no haya nada que perturbe tu canalización, a veces un super largo video de You Tube es lo ideal, yo tengo secuencias elegidas previamente en mi portátil.

¿Cómo me coloco?

Lo ideal es realizar este tipo de canalizaciones en el suelo, para ello coloca un cojín debajo de ti y si es posible que tu espalda pueda apoyarse en la pared o algo similar para que no se cargue.

También puede ir bien un sofá con algunos cojines, incluso tu cama, colocando una mesita delante para los materiales.

¿Puedo estar sentado en una silla?

Si, claro que puedes, personalmente en este tipo de conexiones no me gusta hacerlo porque al estar sentado en una silla tu subconsciente activa su labor de protección para evitar que te caigas, así que no suele permitir que entres en una fase más profunda o de trance.

Estas canalizaciones pueden ser muy potentes, si nos sentimos seguros y reconfortados en el proceso es posible que lleguemos a "dormir", permitiendo así que el proceso se complete con total éxito.

¿Todo preparado?

Conectando

Cierra tus ojos, coloca la mano izquierda sobre el plexo solar o abdomen y la derecha en el centro del pecho, respira profundamente dos o tres veces, siente como tus manos se elevan en cada inspiración. Da las gracias.

"Gracias por este momento de luz en mi Vida."

Abre los ojos, en función de los elementos que has elegido para la canalización:

* Enciende inciensos y velas, debes hacerlo siempre con cerillas de madera, especialmente al encender cada vela pon tu intención, agradece el trabajo que van a realizar.

Coloca la estampa de tu Ángel de forma que quede reverenciada dentro de los elementos que vas a utilizar:

"Amado Ángel …… gracias por conectar conmigo en la Luz"

Comienza a realizar inspiraciones y expiraciones profundas para entrar en estado meditativo o relajación Mindfulness. Te recomiendo que utilices la **RESPIRACIÓN CONECTIVA**, la traigo de nuevo aquí:

Respiración Mindfulness a la que añadimos el poder de la numerología, en este caso vamos a trabajar con el número 7:

* Haremos exactamente 7 respiraciones profundas

- Inspira, toma aire mientras cuentas hasta 7.
- Mantienes el aire contando hasta 7.
- Suelta el aire poco a poco mientras cuentas hasta 7.
- Contén de nuevo sin respirar, volvemos a contar hasta 7.
- Inspiramos de nuevo contado hasta 7.

> *El 7 es un número cargado de energía mística, atrae la percepción y la intuición, nos ayuda a conectar a nivel metafísico, en la meditación, a través de la espiritualidad, abre los diferentes niveles para permitirnos encontrar lo que los demás no pueden ver, capta lo oculto.*

Ha llegado el momento de llamar a nuestro Ángel, comienza a invocarle recitando la oración que has preparado, si lo deseas al principio hazlo con los ojos abiertos para poder leer lo escrito, posteriormente deberías cerrarlos mientras la sigues repitiendo, es posible que en este proceso cambies las palabras, es perfecto, permite que tu intuición te guíe.

¿Cuántas veces debo repetir la invocación?

No hay límites, te diría que **al menos siete veces y que siempre lo hagas en función de tu percepción, si a la segunda vez sientes que has conectado simplemente dale la bienvenida**.

Si tardas en conectar o crees que no lo has hecho repite un poco más, una vez hecho y aunque creas que no has conectado, continúa con el ejercicio, sobre todo al principio pretendemos encontrar todo tan claro que no somos conscientes de que realmente hemos comenzado a conectar y estamos en el proceso de canalización.

> Aquí es el momento donde realizarás la visualización que has seleccionado previamente, la que he denominado "clave de canalización", lo harás durante el tiempo que consideres necesario y en medio puedes intercalar la oración de invocación.

Cuando lo desees simplemente **da por terminada la canalización, recuerda dar las gracias por los dones y mensajes recibidos**, dile que le AMAS, que al igual que él te ha irradiado su energía, su AMOR, tú también le ofreces el tuyo de forma INCONDICIONAL.

Abre los ojos y explora tu espacio, en ocasiones hay mensajes, a veces son tan sutiles como el cambio de luz que ha experimentado el lugar donde estás, otras veces plumas, objetos… la forma de las velas o si estas siguen apagadas o encendidas.

Se que vas a intentar que alguien te dé una respuesta para todo. "La vela estaba encendida y consumida hacia un lado, ¿Qué significa?" la de color violeta se apagó la otra seguía encendida y recta ¿Eso que quiere decir?, lo tengo claro, son muchos años compartiendo con personas.

> *No tengo todas las respuestas, ya que nadie las tiene más que tu interior, tu alma, tu esencia, eres quien ha estado en la canalización, conoces la pregunta, la inquietud, la duda, el deseo… así que puedes bucear en internet y sino, simplemente ve a lo sencillo.*

¿Qué representa la vela rosa? ¿Qué representa la vela azul?, ¿qué cambia en mi cuando siento calor?, ¿Qué emociones me genera esta sensación de frío?

Visualizando

Voy a darte un ejemplo de cómo prepararía una conexión con… por ejemplo Uriel, me encanta este Ángel.

Si voy a las características de Uriel tengo:

Punto cardinal: Norte

Rayo de Luz: Oro Rubí, rojo Rubí

Estación: Invierno

Chakra: Raíz Muladhara

Elemento: Tierra

En las tablas observo que tiene día de la semana, el viernes, por lo que intentaré realizar mi conexión en viernes.

En el ejercicio angélico tengo este detalle:

> *Frutas frescas, especialmente fresas y peras.*
>
> *Flores frescas: rosas y varas de romero.*
>
> *Sentarte mirando al frente hacia el punto cardinal Norte.*
>
> *Esencia de Rosas, en aceite esencial o en incienso. Otros aromas como albahaca, clavo, jengibre, hinojo, tomillo.*
>
> *Cristal: Ámbar, cornalina, granate, jaspe rojo, rubí.*

> *Puedes utilizar una vela de color amarilla o bien 4 amarillas pequeñas, al lado de la vela coloca un cristal de ámbar, en su defecto puedes usar algún anillo, pulsera o similar de oro y colocarlo en el centro.*

Voy a utilizar 4 velas amarillas pequeñas, las colocaré haciendo un cuadrado delante de mí, en el centro voy a poner una pulsera de oro que tengo y hacía mucho que no utilizaba, la he limpiado energéticamente y la cargaré durante la canalización para utilizarla posteriormente.

Pondré las velas delante y la imagen de Uriel atrás apoyada sobre un pequeño jarrón de cerámica (elemento Tierra) y como me gusta utilizar flores en todas las conexiones con ángeles he optado por algunas flores de jazmín, en este momento hay muchas en la zona donde vivo.

> *El jazmín está asociado a Venus, el planeta del amor y al poder femenino de la Luna, ideal para alejar malas energías, como mi signo del zodiaco es Cáncer y tengo una afinidad especial con la Luna, además de que soy mujer, creo que es una flor ideal y con un aroma único.*

En el lugar donde voy a realizar el ejercicio no puedo colocarme mirando hacia el Norte, ya que entonces tendría la puerta de entrada a la habitación en mi espalda y eso no es favorable, voy a colocarme en dirección Este ya que me es favorable en el Amor según mi número energético KUA. (²)

Antes de comenzar voy a tomar un gran vaso de agua.

Comienzo mi canalización dando gracias Uriel por su amor y energía sanadora, por conectar conmigo y hacerme partícipe de sus mensajes, por la ayuda que voy a recibir.

Enciendo las velas con una cerilla de madera, lo hago en el sentido de las agujas del reloj comenzando por la que está abajo a mi izquierda según las miro de frente.

> Observo la imagen de Uriel frente a mí, recuerdo sus características, el poder de su rayo de luz y el mensaje que he leído antes.

Coloco mi mano izquierda sobre el plexo solar a la altura del estómago y la derecha en el centro del pecho, en el chakra corazón. Realizo la respiración conectiva en 7.

Cierro los ojos y comienzo a recitar la invocación que está en mi libro.

Doy las gracias a Uriel por compartir su Luz conmigo.

> *Visualizo una luz delante de mí, como si fuera un gran sol en la lejanía, en cada inspiración observo como se hace más grande y se acerca a mí.*

Veo como esa luz dorada es un gran conjunto de miles de pequeñas partículas de polvo dorado, las pequeñas partículas doradas floran en el aire y comienzo a respirarlas.

---

² Ver www.fengshuicrecer.com número kua

Soy consciente del aire que respiro y que lleva la luz dorada, voy recorriendo mi cuerpo desde los pies hasta la cabeza, brazos, tronco... la luz dorada circula con el oxígeno a través de todo mi cuerpo.

Abro los brazos a los lados, extiendo las manos con las palmas hacia arriba.

Centro mi atención en el chakra raíz, en la zona inferior del tronco, concentro la luz dorada en él que adquiere un tono rojizo, color oro-rubí, limpio ese chakra y en la siguiente inspiración subo la luz oro rubí a mi chakra sacro y procedo también a limpiarlo.

Voy pasando por el resto de mis Chakras por orden deteniéndome más en aquellos que considero que necesitan más tiempo para ello, cuando finalizo inspiro y expiro moviendo la energía de arriba hacia abajo y viceversa a través de mi columna al completo... **permito que se vaya disolviendo con el resto de la energía dorada que está en el oxígeno circulando por mi cuerpo.**

Coloco mis manos sobre la primera vela, la que está a mi izquierda abajo, canalizo la energía dorada hacia ella y se forma un universo energético que viene y va, recibo y doy.

Paso a la vela siguiente, izquierda arriba, realizo el mismo ejercicio y posteriormente voy a la que está en la esquina arriba derecha, abajo derecha y vuelvo de nuevo a la de abajo a la izquierda para cerrar el cuadrado acercando las manos.

Ahora **canalizo la energía hacia el centro del conjunto de velas que es donde se encuentra la pulsera de oro**, la cargo con la energía sanadora que estoy recibiendo oro rubí, me ayudará en los próximos días a realizar mi proceso de sanación.

Con los brazos abiertos coloco las palmas de mis manos hacia arriba en actitud de aceptación y agradecimiento:

"Amado Uriel, gracias por tu luz sanadora, la maravillosa luz dorada de la sanación, gracias por trazar un camino sencillo y en armonía."

Gracias, gracias, te amo, gracias."

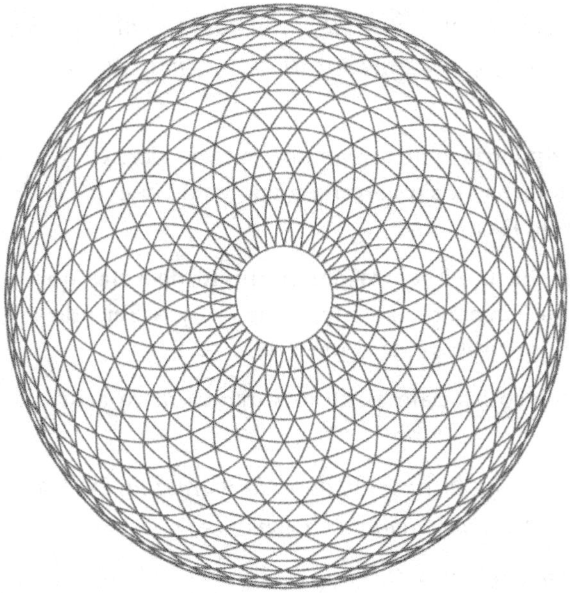

Guía de Ángeles y mensajes

En esta parte del libro se encuentran los 22 Ángeles principales, ya sabes que hay muchísimos más, los he colocado en el centro del libro para que puedas dejarte llevar y abrirlo por cualquier lugar, así siempre aparecerá uno.

¿Qué más vas a encontrar? Aquí te dejo algunas tablas de referencias, pueden ser de utilidad para añadir a los ejercicios angélicos, días de la semana, elementos, meses del año.

PLANETAS	ANGEL	SIGNO
SOL	MIGUEL	LEO
LUNA	GABRIEL	CANCER
MARTE	CHAMUEL	ARIES
MERCURIO	RAFAEL	GEMINIS Y VIRGO
JUPITER	ZADKIEL	SAGITARIO
VENUS	HANIEL	TAURO Y LIBRA
SATURNO	CASSIEL	CAPRICORNIO
URANO	URIEL	ACUARIO
PLUTON	AZRAEL	ESCORPIO
NEPTUNO	TSAPHIKIEL	PISCIS

DIAS DE LA SEMANA	
Domingo	MIGUEL
Lunes	JOFIEL
Martes	CHAMUEL
Miércoles	GABRIEL
Jueves	RAFAEL
Viernes	URIEL
Sábado	ZADQUIEL

DIRECCION	ELEMENTO	ANGEL	ESTACION
ESTE	AIRE	RAFAEL	PRIMAVERA
SUR	FUEGO	MIGUEL	VERANO
OESTE	AGUA	GABRIEL	OTOÑO
NORTE	TIERRA	URIEL	INVIERNO

Una imagen del Ángel

Esta trabajada según sus atributos y coincide con la imagen que tienes en color en el fichero que has descargado.

Mensaje del Ángel

Para utilizar como oráculo, mensaje del Ángel del día y consultas personales.

Detalles relevantes de cada Ángel

Significado del nombre y características, hay muchas historias relacionadas con cada uno de ellos, si bien el libro se ha enfocado a un trabajo de sanación espiritual y desarrollo personal.

Ejercicio angélico

Preparación del ritual para conectar si lo deseas, velas a utilizar, cristales, orientaciones, aromas, símbolos.

Clave de canalización

Visualización a utilizar aquello que mejor funciona con cada uno, si bien siente libertad absoluta para añadir nuevas formas de conectar y ya sabes, estaré encantada de que las compartas conmigo, puedes contactar conmigo a través de las redes sociales.

Invocación angelical

Oración preparada para utilizar en la conexión con cada uno de ellos, siente libertad absoluta para crear la tuya propia en relación con el trabajo que deseas realizar, la dificultad a superar o la pregunta sobre la que necesites respuestas.

Rayo de Luz

En aquellos ángeles que corresponde y relacionados con el capítulo posterior de Sanación con los Rayos de Luz, tienes el detalle específico de cada uno en relación a ese tipo de canalización energética.

Mensaje de Uriel

Ha llegado el momento de comprender y conocer algo que atañe a tu vida.

Yo, Uriel, portador del rayo oro-rubí te pido que hagas introspección, vuelve tu consciencia a la situación que te ocupa, hay algo que tienes que resolver y este es el momento de hacerlo.

En este momento **es posible que hayas cometido errores**, no importa, todo está bien, son parte del camino a recorrer, las consecuencias de estos errores son los que determinan lo que está ocurriendo en estos momentos, solo debes hacer una cosa…

PERDONAR, primero a ti mismo y luego a los demás, enmienda lo ocurrido, aunque suponga pérdidas y apuros para ti.

Si superas esta situación, la conexión en armonía con mi LUZ te ofrecerá un camino sencillo, de fácil recorrido y en armonía.

Uriel significa "Dios es mi luz", luz de Dios o fuego de Dios, un Ángel muy poderoso que es conocido como "el Ángel de la presencia".

>Representa la búsqueda de lo espiritual, el misticismo, nos da iluminación.

>Es el encargado de revelar los misterios de la divinidad, el Universo y el mundo angelical; ayuda a los que quieren dar el paso de crecer y desarrollarse a nivel personal y espiritual.

Punto cardinal: Norte

Rayo de Luz: Oro Rubí, dorado rojizo.

Estación: Invierno

Chakra: Raíz Muladhara

Elemento: Tierra

Dia dedicado: 15 de Julio

Si buscas algo, es Uriel quien puede hacer de guía. Tenerlo como compañero te permite conocer tus propios límites y no destruirte en el camino de una perfección exigente que se sale del amor y la humildad.

>Su iluminación es vital para aquellos que sienten que han perdido su camino, puedes usar el rayo rubí cuando te sientas perdido, abandonado, temeroso, rechazado, descentrado.

Uriel suele aparecer con una esfera azul claro en su mano, de esta forma simboliza su capacidad para ofrecer los dones de la intuición a los humanos.

Se asocia con la electricidad, el rayo, el trueno y la acción repentina, también se representa con un pergamino en la mano, dicen que éste, contiene información sobre tu camino en la vida.

Ejercicio Angélico con Uriel

Busca un lugar frente al Sol, si puedes hacer coincidir el momento de tu trabajo de canalización con que el Sol esté saliendo se obtienen muy buenos resultados.

Frutas frescas, especialmente fresas y peras.

Flores frescas: rosas y varas de romero.

Sentarte mirando al frente hacia el punto cardinal Norte.

Esencia de Rosas, en aceite esencial o en incienso. Otros aromas como albahaca, clavo, jengibre, hinojo, tomillo.

Cristal: Ámbar, cornalina, granate, jaspe rojo, rubí.

Puedes utilizar una vela de color amarilla o bien 4 amarillas pequeñas, al lado de la vela coloca un cristal de ámbar, en su defecto puedes usar algún anillo, pulsera o similar de oro y colocarlo en el centro.

Clave de canalización

Cierra los ojos e invoca su nombre, cuando entres en meditación o relajación profunda imagina una gran luz dorada delante de ti.

> *Comienza a atraerla con tus inspiraciones, son como pequeñas partículas de polvo dorado, la nube dorada se va haciendo más y más grande.*
>
> *Es momento de respirarla, siente como va pasando a través de todos tus Chakras empezando por el chakra corona, llenando de energía dorada y limpiando cada uno de ellos.*

Recorre de arriba abajo con la luz dorada la totalidad de tu columna vertebral, cuando bajes hacia abajo permite que la energía dorada llegue hasta tus pies y entre en la tierra.

Da gracias por la energía que te ha irradiado.

Invocación a Uriel

"Yo te invoco amado Uriel, gracias te doy por la ayuda que voy a recibir, YO te invoco en nombre de la divinidad.

> *Envuélveme en tu llama oro rubí para llenarme de paz y darme conocimiento, clarifica mi mente y mi corazón para ayudarme a encontrar la solución, ilumina mi camino para transitar segura en él.*

Dame la sabiduría necesaria para comprender lo que está sucediendo y ver con la claridad del corazón las soluciones que ya están aquí y no puedo ver.

Gracias te doy por tu ayuda y tu guía, estoy unida a tu luz en el amor incondicional, en el perdón y la abundancia ilimitada de la divinidad.

Gracias por tus infinitas bendiciones"

Rayo Rojo Rubí. Uriel

Color: Rubí rojo

Ámbito: devoción espiritual a través del servicio desinteresado a los demás, prosperidad, suministro, supervivencia, abundancia

Chakra: Raíz Muladhara

Elemento: Tierra

> Expresa equilibrio mostrándose estable, fiable, ayudando a asentarse, a poner los pies en la tierra.

Influye en el chakra raíz a nivel físico y en el plexo solar a nivel espiritual.

> Este es el rayo transformador, se percibe con un color rojo profundo, con derivación hacia el púrpura oscuro con destellos como de oro, similar a un rubí de alta calidad.

Invocación: Para la prosperidad en cualquier ámbito de tu vida, adquirir tranquilidad ya sea para ti u otras personas.

Sanación física: al estar enfocado en el chakra raíz se relaciona con los genitales, y órganos reproductores, todo lo relacionado con la sangre, los músculos y la circulación. Libera adrenalina. Parte inferior del cuerpo, pies, piernas, rodillas, caderas.

> Desintoxica el cuerpo eliminando la debilidad, activa el calor e incrementa la energía de tipo físico.

No debe utilizarse con dolencias como la inflamación, hinchazón, hiperactividad, fiebre o úlceras.

Sanación emocional y mental: Activa el deseo sexual y el amor físico.

Al estar relacionado con la supervivencia, aporta ganas de vivir, fuerza y acción, coraje, resistencia y vigor; libera bloqueos energéticos profundamente enraizados, permitiendo dar nueva vida a procesos parados o estancados.

Elimina los miedos y ayuda a liberar las conductas de tipo obsesivo.

Sanación espiritual: Nos permite crecer en nuestra relación con el mundo material, conectando lo terrenal con el universo para armonizar y equilibrar. De esta forma nos permite aceptar la espiritualidad en nuestras vidas.

Mensaje de Gabriel

Debes prepararte para afrontar los cambios que vienen.

Es posible que no quieras realizar cambios en tu vida, incluso que las trasformaciones que están sucediendo en ella no te gusten, sin embargo, mi mensaje es claro, soy el Ángel de la anunciación, el MENSAJERO.

Acepta tu cambio, **acepta lo que viene con amor y humildad confiando en la Divinidad**.

Siente el Amor que te está enviando y acepta el regalo, es el Universo quien te está permitiendo acceder a algo mucho más precioso, sanador para ti y que la Divinidad te dará la verdadera felicidad.

Gabriel significa "La fuerza de Dios"

Los dones de este Arcángel son imprescindibles para afrontar cualquier tipo de cambio, representa la verdad, la pureza y la revelación. El Ángel "mensajero", uno de los cuatro grandes arcángeles.

> Si hay dudas, incertidumbre, o se ignoran las cosas, Gabriel te aporta escucha y capacidad para abrir la mente a lo nuevo. Te aporta claridad e información para ese nuevo comienzo.

Rayo de luz: Naranja

Punto cardinal: oeste

Estación: Otoño

Elemento: Agua

Día dedicado: 24 de marzo

Gabriel suele ser representando con formas femeninas y lleva una flor en la mano, de esta forma nos indica, que es el más indicado para ayudarnos a conectar con ese lado más delicado y sensible del espíritu.

Ejercicio Angélico con Gabriel

Si usas velas deben ser siempre blancas para este Ángel, una, tres o cuatro.

Un vaso de agua o un recipiente de cristal con agua.

Siéntate mirando hacia el frente en dirección al punto Oeste.

Cristales: piedra de Luna, Ágata o cuarzo blanco.

Aroma de jazmín o romero, ya sea en aceites esenciales o incienso.

Flores frescas, jazmín o bien unas varitas de romero frescas no secas.

Clave de canalización

Pon tus manos encima del recipiente de agua, como si de tus manos emanara energía hacia el agua.

Una vez entres en meditación o relajación profunda imagina que de tus manos se irradia una luz blanca hacia el agua, permanece unos minutos en ese estado de calma y sosiego, conecta la energía que sale del centro de las palmas de tus manos con el elemento acuático.

> Siente la energía, sensaciones de múltiples tipos, visualiza como pasa de tus manos hacia el líquido y viceversa.

Una vez termines la invocación, bebe el agua, mientras bebes, piensa en el amor y la luz de Gabriel, hazte consciente del recorrido del agua por tu cuerpo, siente como se purifica y observa posibles reacciones.

Da gracias por la energía que te ha irradiado.

Invocación a Gabriel

"Yo te invoco amado ser de Luz, portador de los mensajes de la Divinidad.

Amado Gabriel te doy las gracias por la ayuda que voy a recibir, a ti que posees el poder del amor más puro, envuelve con ese amor todo mi ser, la tierra y lo que hay en ella.

Permite que la luz de tu rayo me ilumine, que inunde mi corazón alejando la tristeza y llenándolo de amor, haciéndome receptor de los mensajes que he de recibir.

Que el amor me llene, al igual que esta agua me nutre, para realizar las transformaciones que necesito en mi vida, gracias te doy por tu luz y tu amor incondicional.

Gracias por la inspiración que proviene de tu luz."

Rayo Naranja. Gabriel

Color: naranja

Ámbito: creatividad, eliminar el miedo.

Chakra: Sacro Svadisthana

Elemento: Agua

Expresa la vitalidad, creatividad y lo nuevo desde el equilibrio.

Influye en el chakra sacro a nivel físico.

La tonalidad de este rayo es variada, puede verse desde el rojo anaranjado o bermellón al naranja dorado.

Sanación física: toda la parte baja de la espalda, intestino, riñones, aparato digestivo, glándulas adrenales, mejora el estreñimiento.

Ayuda a mejorar las afecciones de tipo bronquial y asmático, interviene en los procesos de fertilidad.

Una buena ayuda durante el periodo de la menopausia ya que equilibra las hormonas.

Sanación emocional y mental: Una excelente ayuda para los procesos de duelo y todas las emociones relacionadas con la pena.

Mejora la creatividad, permite obtener una visión más positiva de la vida por lo que también sube los niveles de optimismo.

Al estar relacionado con los órganos sexuales femeninos ayuda a liberar el miedo a sentir placer.

Sanación espiritual: Actúa de forma directa en los procesos que se encuentran de alguna manera enredados y permite que se desenvuelvan de forma tranquila.

Eleva el nivel espiritual a través de la energía positiva y la alegría.

Mensaje de Jofiel

En este momento necesitas claridad mental, iluminación y estabilidad.

Hay mucha mentira a tu alrededor, demasiadas cosas superfluas, personas que opinan por ti y que tomas como guía, en vez de seguir tu propio camino.

Las dudas y la incomprensión hacen que estés en un momento de confusión importante, una crisis existencial.

Toma conciencia y concentra tus esfuerzos en lo que tienes delante, mantente firme, constante, reduce el orgullo y comienza a ser más humilde.

Solo TU vives tu vida, no permitas que tu vida sea la de otros.

Jofiel, significa "La luz de Dios", "la belleza de la divinidad", también llamado Jophiel, Iofiel, Zophiel

Este Ángel es quien acompaña a Adán Y Eva cuando son expulsados del paraíso; les ofrece una luz para poder iluminar lo que hay a su alrededor.

Tiene el poder de dar luz al conocimiento, elimina el falso orgullo y los malos hábitos como son la indisciplina, falta de concentración y poca humildad, mejora la claridad mental y previene la baja autoestima.

> Si te sientes estancado y no ves el camino a seguir, es una ayuda muy valiosa para ayudarte a ver el sendero correcto.

Expresa pureza, belleza, gracias, dones necesarios para protegernos de energías negativas, eliminar apariencias superficiales para poder ver el auténtico interior de todo.

Rayo de luz: color oro o amarillo.

Día de la semana; lunes

Metal: plata

> Este es el Ángel a quien uno se encomienda cuando necesita ayuda para estudiar y aprobar exámenes, ya que es conocido como el Arcángel de la sabiduría.

Te ayuda a construir conexiones y alinearte con tu YO superior, permite recuperar recuerdos perdidos, mejora la intuición, la percepción, la alegría y su luz inunda el alma. Puedes invocarlo para dar un nuevo impulso a tu creatividad.

Si te dedicas a actividades creativas, este Ángel promueve la inspiración artística e intelectual.

Ejercicio Angélico con Jofiel

Utiliza una vela de color blanco, dorado o amarillo, e intenta ponerte alguna prenda de color amarillo, algo tan sencillo como un pañuelo o una pulsera.

> Si quieres un pequeño amuleto para días posteriores puedes colocarlo en el centro, lo ideal es que fuera de plata o acero, si bien puedes utilizar cualquier otro material.

Cristales: Citrino y ojo de tigre. Plata y Oro.

Campana, cuenco, un vaso y una cucharilla como instrumento para emitir sonidos.

Aromas: Bergamota, limón, narciso, cedro, geranio, lavanda, mandarina.

Clave de canalización:

Cierra los ojos, realiza la respiración conectiva y haz 3 veces seguidas la invocación al Ángel.

Toca la campana 3 veces y repite 3 veces la invocación con su correspondiente toque de campana.

Fija tus ojos en la llama de la vela e imagina que la luz amarilla que sale de ella se va agrandando hasta rodearte, una luz cálida y que te aporta calma, paz.

Una luz amarilla que comienza a envolverte, sientes su calma y calor como si fuera una caricia, pasa por tu cabeza, tu cuello, tus hombros, va bajando por tus brazos y rodea tu torso, baja hacia tus Chakras inferiores y acaricia suavemente tus piernas, sientes la calma cálida en la planta de tus pies.

Permite que esa luz disipe los bloqueos y las dudas que haya en tu interior.

Agradece la luz de la inspiración que has recibido.

Invocación a Jofiel

"Amado Jofiel, mi mente y mi corazón desean conocer los misterios que hay en mi laberinto interior, ven hacia mí con tu Luz.

Ilumina mi camino con la luz de tu sabiduría, despeja las dudas y elimina la incomprensión para poder hacer realidad mi destino.

Enciende la llama de la iluminación en mí, cubre con tu luz dorada mi aura, mi cuerpo, me mente, mi intelecto, mi YO.

Ayúdame a actuar con justicia y rectitud, a pensar por mí mismo y aprender de aquellos que me rodean.

Puedo discernir la realidad de la ilusión, dame el entendimiento que me permita conectar con mi YO superior.

Gracias te doy por los dones que voy a recibir."

Rayo Amarillo. Jofiel

Color: Amarillo y dorado

Ámbito: sabiduría, iluminación, inteligencia

Chakra: Plexo solar. Manipura

Elemento: fuego

> Expresa a través del pensamiento lógico el encuentro del equilibrio, trabaja con la auto confianza y a favor de la consecución de metas y objetivos

Influye en el chakra plexo solar a nivel físico y a nivel emocional y espiritual el chakra corona.

Su tono es similar al amarillo anaranjado con derivaciones hacia el color oro pálido, similar a lo que sería un cristal de citrino.

Puedes invocarlo para el desarrollo de la intuición y despertar de la conciencia.

Sanación física: Páncreas, hígado, vesícula, plexo solar, bazo, estómago y sistema digestivo. La piel y el sistema nervioso.

Aporta fortaleza, estimulando y reforzando la energía física en general, en este sentido da fuerza a los procesos que se hayan podido debilitar, es un excelente limpiador de toxinas.

Útil para tratar la artritis, temas relacionados con articulaciones y problemas de movilidad.

Sanación emocional y mental: Mejora el aprendizaje y la agilidad mental estimulando la sabiduría y la inteligencia. Deshace la confusión mental.

> Sube los niveles de autocontrol elevando la autoestima y de forma general el bienestar, en este sentido mejora la timidez, da fuerza y coraje.

Aporta risa, alegría, el sentido de la libertad.

Sanación espiritual: Es el rayo de luz que aporta iluminación y nos permite conectar con el llamado YO superior, perfecto para conectar con seres de luz, guías y maestros ascendidos.

Permite enfocar nuestra parte espiritual con las enfermedades físicas para trabajar en las emociones que han podido afectarlas.

Mensaje de Rafael

Rafael reconoce tu fuerza y liderazgo, sabe que tienes grandes deseos ser TU, no debes hacer dar tanto valor a lo que dicen los demás, es momento para ser auténtico y libre, para tomar conciencia de TU VIDA y ser FELIZ.

Ser TU, para TI y por TI mismo.

> *Es momento de entender y sanar, escucha tu corazón y **comienza a ver de forma real la vida en positivo, la luz de la sanación** te permitirá recuperar lo perdido, si bien no es lo que tú crees buscar.*

Sana el corazón herido, acepta el desapego y recibirás una completa armonía física y espiritual.

El nombre de Rafael significa "Dios sana"

El Arcángel Rafael es el encargado de irradiar hacia la tierra la "energía verde", el conocido como rayo verde de Dios para la curación, ayuda a conectar con otros Ángeles.

> Rafael representa la regeneración, los cuidados y la sanación.

Punto cardinal: Este

Estación; Primavera

Día dedicado: 24 de octubre

Rayo de luz: Verde

Chakra: corazón Anahata

Elemento: Aire

Este Arcángel suele aparecer con un libro en la mano, el libro de la medicina.

> Es el protector de nuestra salud a muchos niveles, la sanación física está siempre relacionada con la mental, emocional y espiritual, si en tu vida hay dolor y sufrimiento acude a Rafael para recibir consuelo y sanar.

Para los terapeutas y personas que trabajan sanando a otros a cualquier nivel es tu guía.

Ejercicio Angélico con Rafael

Una vela de color verde grande o 3 pequeñas, coloca estas últimas en forma de triángulo con la base más ancha hacia ti, puedes sustituir por color blanco que contiene todos los colores o una vela arcoíris.

Puedes adornar el altar con plumas. Utiliza una campana o algún instrumento similar para comenzar la invocación.

Aromas: Pino, mandarina, menta verde, ya sea en aceites esenciales o en incienso.

> En este ángel es muy importante utilizar siempre INCIENSO, puede ser básico o bien con alguno de los aromas recomendados.

Si es en aceite esencial unge las velas, pon unas gotas en tus manos y acaricia las velas con el aceite hasta que esté impregnada, pon la intención y atención plena cuando lo hagas.

Flores frescas, claveles o lavanda.

Un cuarzo rosado, blanco o verde. Piedra de Jade, aventurina verde, esmeralda.

Sentarte mirando hacia el frente en dirección al Este.

Como el Arcángel Rafael es quien cuida de la naturaleza puedes tener cerca alguna planta de hoja verde que esté sana, no debe tener espinas ni hojas punzantes.

Clave de canalización.

Toca la campana 7 veces antes de comenzar.

Coloca tus dos manos, una sobre otra en el centro de tu pecho, a la altura de donde se encuentra el Timo, chakra corazón.

Haz varias respiraciones profundas e imagina que de tu pecho sale una luz verde que te envuelve por completo, sube hacia tu garganta, luego a los Chakras superiores y de igual forma va bajando por tu abdomen hasta llegar a cada uno de tus pies.

Si consideras que debes sanar algún punto en especial visualiza esa luz en tu cuerpo, agradece al Arcángel en ese momento su labor de sanación.

Haz un recorrido general por todos los Chakras comenzando en el chakra raíz hasta la corona, una vez termines visualiza la luz verde subiendo y bajando por tu columna.

Invocación a Rafael

"Yo te invoco amado Rafael y te doy las gracias por la ayuda que voy a recibir, gracias por tu energía poderosa y la gracia de tu sanación.

Gracias por guiarme en este viaje hacia el aprendizaje y la sanación, ayúdame a reconocer aquello que me ha de liberar de mis preocupaciones y pensamientos negativos, se mi luz en el camino al amor de la divinidad.

Gracias por ser mi compañero, para que así pueda estar a tu lado en el poder de la regeneración y la curación, rodéame con la luz verde de la esperanza, de la vida, que la medicina de tu luz caiga sobre mi ser."

Cuando cuides de la naturaleza y los animales, puedes ofrecer a este Arcángel el poder de curación que estás emanando en esos actos.

Da gracias por la energía que te ha irradiado.

Rayo Verde. Rafael

Color: Verde esmeralda.

Ámbito: Armonía, búsqueda de la verdad, salud, vida, curación

Chakra: Corazón Anahata

Elemento: Aire

> Expresa el encuentro del equilibrio a través del amor incondicional, ya sea a nivel personal o de otros.

Influye en el chakra corazón a nivel físico y en el espiritual, el tercer ojo.

Invoca este rayo de luz sobre todo cuando necesites salud o bien desees descubrir las verdades ocultas y que salgan a la luz.

Sanación física: Es el color de la sanación física, por lo que conecta muy bien todas las sanaciones armonizando el trabajo de forma global.

Alivia los procesos que derivan en dolor, mejora migrañas, dolores de cabeza, sistema nervioso, úlceras de tipo gástrico y todo lo relacionado con el aparato digestivo.

Baja los niveles de tensión incluso a nivel emocional, también trabaja con corazón, pulmones y glándula timo.

Sanación emocional y mental: Apoya los procesos relacionados con el crecimiento personal, al trabajar con el sistema nervioso mejora la percepción de las emociones y reduce la confusión mental.

Mejora las relaciones con otras personas, alivia la claustrofobia y los sentimientos de constreñimiento. Estabiliza el sistema nervioso, alivia las emociones y reduce la confusión mental.

Ayuda a desarrollar relaciones sanas con los demás.

Sanación espiritual: abre el camino a la intuición desarrollando la visión de todo lo relacionado con la energía y espiritualidad, especialmente en la visualización más creativa.

Mensaje de Miguel

Este es un Ángel muy poderoso, lo has elegido porque las dudas y temores han generado la situación en la que te encuentras, es posible que necesites aprender a diferenciar que es lo que realmente necesitas para sentirte feliz y bien.

"Escucha lo que está oculto en tu corazón, no tengas miedo y toma decisiones"

Lo que más temes, es precisamente la respuesta que estás buscando, actúa y afronta el miedo, al final del camino está el premio que estás buscando.

Deja de luchar, el miedo solo se afronta acercándose a él y aceptando que existe.

Baila con el miedo y dejará de existir.

Miguel es uno de los Ángeles más amado y conocido, su nombre significa "Quien es como Dios".

Este Arcángel representa la voluntad, la fe y el amor, dones necesarios para liberarte de los miedos, la ignorancia, las dudas, ofrece luz donde hay oscuridad, otorga Esperanza.

Punto cardinal: Sur

Estación: Verano

Día dedicado: 29 de septiembre

Rayo de Luz: energía Azul

Chakra: garganta

Elemento: Éter (fuego)

Su color principal es el amarillo solar que hace que su canalización también se centre en el chakra plexo solar, sin embargo, al llevar la **espada de la llama azul zafiro** se asocia de forma directa al chakra garganta en unión del chakra tercer ojo.

Miguel es representado siempre con una espada en la mano y una balanza, esta espada representa la habilidad que tiene para separar el bien del mal en el mundo de los hombres llevando la armonía y el equilibrio donde se necesite, la balanza es el símbolo de dualidad.

Ejercicio Angélico con Miguel

Una vela de color blanco y otra de color azul claro.

Mejora la canalización si te colocas mirando hacia el frente em dirección al punto Sur.

Puedes añadir una imagen del Sol o adornos, objetos dorados.

Aceites esenciales de sándalo y coco, anís, clavo, comino, también puedes usarlos como inciensos.

Flores blancas en general, no utilizar rosas o flores con espinas.

Cristales: lapislázuli.

Clave de canalización

Pon tu mano sobre el pecho, a la altura del corazón para canalizar mejor.

Una vez entres en meditación o relajación profunda visualiza que te encuentras dentro de una esfera de color azul, como si fuera una burbuja, siente como la vas creando con cada una de tus inspiraciones y expiraciones, hasta que te envuelve y te encuentras dentro de ella.

Siente como protege tu cuerpo, tu energía se está armonizando, respira la luz azul que te envuelve, visualiza como pasa por tu nariz y recorre tu cuerpo.

Pon tu mano en la garganta, visualiza como disuelve los posibles bloqueos en ella.

Haz un recorrido general por todos los Chakras comenzando en el chakra raíz hasta la corona, una vez termines visualiza la luz azul subiendo y bajando por tu columna.

Invocación a Miguel

"Amado Miguel, Yo te invoco junto con tus Ángeles de luz azul, te doy las gracias por tu fuerza y por la ayuda que voy a recibir, me acompañas e iluminas.

Permite que mis temores se disuelvan, que tenga la fuerza y tu guía para solventar las dificultades que en este momento son parte de mi vida…(puedes detallar la situación)

Que tu amor, **el inmenso poder de tu luz me proteja**, guíame en el camino y ayúdame a cortar con todo lo humano que me está perturbando, reemplaza estos bloqueos con tu luz pura y el AMOR de los maestros ascendidos y seres de luz que te acompañan.

Gracias te doy por tu ayuda, recibe todo mi ser de luz y haz que se una con la tuya, en un TODO, un ser de puro AMOR.

Da gracias por la energía que te ha irradiado.

Rayo Azul. Miguel

Color: Azul zafiro

Ámbito: comunicación, protección, la voluntad divina, fe, poder.

Chakra: Garganta Visuddha

Elemento: Éter

Expresa en su más amplio sentido la comunicación a todos los niveles, ya sea con nosotros mismos o con los demás.

Influye en el chakra garganta a nivel físico y a nivel espiritual con el tercer ojo, ya que ambos están relacionados con la comunicación en distintos niveles.

Puedes invocarlo para solicitar protección y tener más fortaleza.

Sanación física: parte superior del cuerpo, garganta, infecciones de oídos, tiroides, mandíbula, base del cráneo, dientes, todo lo relacionado con el peso.

Reduce la fiebre, la hiperactividad y los procesos de tipo inflamatorio, en la misma acción rebaja la presión sanguínea y equilibra el pulso, excelente también para reducir el estrés. En este sentido calma el sistema nervioso y es muy bueno para aliviar dolores.

Sanación emocional y mental: ayuda a pensar con más claridad ya que calma la mente y trabaja reduciendo el miedo, sobre todo cuando hablamos de decir la verdad.

Nos aleja de las preocupaciones rutinarias aportándonos paz en los procesos complicados.

Sanación espiritual: Una clara invitación a trabajar con tu YO interior, este rayo de luz azul representa a la pura energía, nos protege y nos ayuda a entender, a confiar, a creer.

11:11

Mensaje de Raziel

Algo está a punto de ser revelado, lo que aún no conoces y está por llegar dará la luz necesaria a la situación actual, en breve obtendrás las respuestas que buscas.

Debes tener prudencia tanto en el ámbito financiero como en los asuntos relacionados con la familia.

Algunas personas del pasado vuelven para tomar relevancia en tu vida, ha llegado el momento de introspección, de mirar dentro de ti, **obra con cada persona de tu vida desde la sabiduría y bondad, como a TI te gustaría que te trataran.**

Usa mi protección y comprensión para abrir la mente a los secretos que están por venir, ayuda a los de tu alrededor a descubrir la verdad que se oculta y a saber afrontarla.

El nombre de Raziel significa "el guardián de los secretos", "Secreto de Dios"

Raziel siempre está cerca del trono de la divinidad y está atento escuchando y escribiendo todo lo que allí se dice, es el conocedor de todos los misterios.

> Sus dones son necesarios para todo lo que implique estudio y conocimiento, es quien intercede por nosotros cuando buscamos el conocimiento espiritual.

Según la tradición judía este Ángel es quien entregó a Adán y Eva el libro de los secretos de la vida cuando fueron expulsados del paraíso, dicen que este libro era en realidad la Cábala y permitiría a los humanos volver al paraíso.

Rayo de Luz: índigo

Ámbitos: intuición y comprensión, clarividencia

Chakra: Tercer ojo Ajna

Elemento: Avyakta (nube primordial de luz indiferenciada)

> Raziel es quien revela los conocimientos de la astrología, la magia y los amuletos a los magos y videntes, es el "Ángel de la Magia"

Se representa con una antorcha que simboliza a quien porta el conocimiento, guarda los secretos y nos invita a que busquemos; también suele aparecer dentro de una rueda luminosa que gira de forma continua, como el carro que transporta la divinidad entre lo terrenal y espiritual.

Podemos pedirle ayuda para la sanación kármica, así como asuntos relacionados con culpa, miedo y tendencias autodestructivas. Se conecta con él también a nivel de vidas pasadas.

Ejercicio Angélico con Raziel

Utiliza tres velas, una violeta que simboliza la transformación, otra naranja o dorada para simbolizar la sabiduría y una tercera de color amarillo dedicada a la inteligencia.

> Coloca las velas en posición triangular con la base hacia ti, cierra los ojos e invoca su nombre

Otra opción es utilizar una vela arcoíris.

Aromas, puedes usarlos en aceites esenciales o en incienso: laurel, canela, salvia, verbena, mimosa, sándalo.

Cristales: cuarzo blanco, perla, piedra de luna, oro, diamante.

Clave de canalización

Haz varias respiraciones profundas y ve colocando las manos sobre cada una de las velas en relación con la cualidad que representa, hazlo con la intención de recibir ese don.

> Siente el calor que irradia cada vela hacia la palma de tu mano, la energía, el sutil movimiento de la llama, será diferente en cada uno de los colores.

Visualiza encima de ti una luz blanca, con diversos colores como si fuera un arcoíris muy sutil. Permite que la luz descienda sobre tu chakra corona, haz que penetre en tu cuerpo con cada inspiración y poco a poco vaya bajando por cada uno de tus Chakras hasta llegar al Raíz.

> Siente que una luz completa de múltiples colores recorre todo tu interior y se concentra en tu tercer ojo, de él comienza a surgir una luz de colores que sale hacia el exterior.

Ahora comienza a llenar tu espacio con esa luz de colores, en cada expiración vas haciendo a tu alrededor una gran burbuja de aire de colores.

Tu cuerpo y tu entorno se hacen uno en la Luz.

Da gracias por los dones que acabas de recibir.

Invocación a Raziel

"Yo te invoco a ti, amado y poderoso Raziel, poseedor de los secretos que me van a ser revelados.

> *Dame fuerza para conservar la armonía, permite que me abra a la luz del conocimiento para diferenciar lo bueno de lo malo, la luz de la oscuridad, la verdad de lo oculto.*

Amado Raziel, TÚ que eres el portador de todos los secretos, ilumina cada uno de mis actos para aceptar la transformación, siempre que sea buena para mí y para los que están a mí alrededor, que sea la perfecta esencia que me corresponde.

> *Acepto trabajar en tu luz, que la iluminación que recibo me de sabiduría para realizar esa trasmutación interna que debe acompañarme, para que se cumpla la manifestación de mi propósito.*

Gracias te doy por tu ayuda y tu guía., aquí, ahora y siempre.

Rayo Índigo. Raziel

Color: Índigo

Ámbitos: Intuición y comprensión, clarividencia

Chakra: Tercer ojo Ajna

Elemento: Avyakta. Luz (el elemento primordial que procede de la manifestación)

Trabaja en todas las áreas de sanación con el tercer ojo y ayuda en el trabajo espiritual con el chakra garganta, este rayo de luz es vital para trabajar con las capacidades psíquicas y la conexión espiritual al más alto nivel.

Sanación física: Considerado como el analgésico más potente, actúa reduciendo la presión sanguínea por lo que alivia dolores de cabeza y migrañas, sobre todo cuando se producen debido a la tensión.

Potente limpiador de bacterias, toxinas, polución que pueda haber tanto en la comida, como en el agua o el aire.

Glándula pituitaria, todo el esqueleto, dolores de espalda, ciática, lumbago, los ojos, cerebro inferior, senos, hipertiroidismo, riñones, control de la diarrea.

Sanación emocional y mental: Genera alivio, especialmente en todo tipo de proceso emocional, en ese sentido aporta estabilidad.

Nos permite enfocar en nuestra comunicación personal, de esa forma nos ayuda con problemas personales de todo tipo, las palabras que comienzan por "auto", autocompasión, autoestima, autoconciencia.

Muy útil para el trabajo con obsesiones.

Sanación espiritual: al igual que en los otros planos es un excelente "limpiador", elimina las formas negativas mentales, permite la telepatía, la intuición, activa y mejora la percepción y la clarividencia.

Potencia el conocimiento de la energía y la espiritualidad.

Mensaje de Zadkiel

He venido a liberarte, trayendo conmigo el perdón, la misericordia, la compasión; ofreciéndote la armonía y la calma.

Lo que ocurre en tu vida no es responsabilidad de otros, el perdón no debe llegar de los demás, las decisiones tampoco son ajenas a TI, solo TU puedes **comenzar la ACCIÓN para que se realice el cambio hacia todo lo que la Divinidad Infinita sabe que te corresponde.**

En este momento de tu vida hay una situación, un pensamiento o sentimiento que te bloquea, solo perdonando y borrando podrás vivir con alegría y conseguir el equilibrio que deseas.

Si no te perdonas y perdonas a otros, seguirás en el mismo lugar y nada cambiará, las mismas experiencias y situaciones dolorosas se repetirán una y otra vez, la acción es exclusivamente TUYA.

El nombre de Zadkiel o Hesediel significa "la justicia divina o fuego de Dios"

Expresa la auto transformación, el desarrollo y crecimiento espiritual, procesos energéticos. Trasmutación, perdón, libertad, compasión.

> Un Ángel que nos habla de perdón, de misericordia, autentica transformación que surge de la libertad del perdón, la energía más poderosa y que produce los cambios más profundos en el ser humano.

Es necesario borrar lo antiguo que nos duele y nos hace daño para renacer de nuevo con un nivel de entendimiento diferente.

Es el ser de luz que nos reconforta cuando sentimos necesidad.

Rayo de luz: energía Violeta

Chakra: Corona

Colores; violeta, fucsia, blanco, lavanda.

Elemento: energía cósmica

Este Ángel proviene de la tradición hebrea; es quien paró la mano de Abraham cuando este iba a sacrificar a su hijo Isaac a Dios, Yahvé.

Zadkiel es representado con las manos unidas, esto simboliza la oración y la rectitud en sus obras, también a veces con una daga en las manos en relación con el sacrificio de Abraham.

Ejercicio Angélico con Zadkiel

Velas: violeta para el amor, rosa para la paz y el amor. (2, 3, 4)

Cristales: amatista, zafiro azul, cuarzo morado, ágata morada, fluorita.

Aromas: Benjui, manzanilla, salvia, lavanda, mirra, romero, sándalo.

Flores: es muy favorable con este ángel utilizarlas sobre todo gardenias, flor de cerezo y lirios en tonos rosados.

Utiliza alguno de los aromas en forma de aceite esencial para ungir las velas, pon unas gotas en tus manos y acaricia la vela con el aceite hasta que esté impregnada, pon la intención y atención plena cuando lo hagas.

Clave de canalización

Enciende una vela de color lila y coloca tus manos sobre el pecho, realiza durante unos minutos la respiración conectiva, ahora recita 3 veces la invocación.

Toma con tu dedo índice de la mano dominante unas gotas del aceite esencial elegido y marca por este orden la coronilla donde está el chakra corona, el tercer ojo, la garganta, chakra corazón y plexo solar.

Coloca tu mano dominante en el chakra tercer ojo y la otra sobre el plexo solar.

> Visualiza una burbuja de color violeta suave que te envuelve, respiras poco a poco la luz violeta que te protege, te eleva, permite que tus emociones afloren sean las que sean.

> Trae a tu mente la situación que te preocupa, el sentimiento de rencor o a la persona con la que te sientes ofendida, permite que los sentimientos afloren y se unan a la energía violeta que te envuelve como una burbuja.

Ofrece este momento a la persona o situación que te genera sentimientos negativos, ofrece amor y compasión.

Da las gracias a tu ángel por permitir borrar todo lo negativo que está dentro de ti.

Invocación a Zadkiel

Amado Arcángel Zadkiel, te invoco para que me ayudes a liberarme de esta situación que me causa dolor y malestar.

> *Borra de mi alma el rencor y el dolor y permite que sea capaz de perdonar todo aquello que me aflige.*

Dame fuerzas para perdonar, ilumina con tu luz violeta mi esencia pura y de esa forma renacer de nuevo, purificar mi alma y mi corazón, permite que me llene del amor infinito de la divinidad.

Que la Divinidad Infinita me conforte y sujete para avanzar en este camino que se vuelve fácil y suave en la Luz.

Gracias amado Zadkiel por ayudarme y brindarme tu guía."

Rayo Violeta. Zadkiel

Color: Violeta

Ámbito: la auto transformación, el desarrollo y crecimiento espiritual, procesos energéticos. Trasmutación, perdón, libertad, compasión.

Chakra: Corona Sahasrara

Elemento: Energía cósmica

Se expresa de forma equilibrada en la expansión de la conciencia a nivel espiritual permitiendo el entendimiento.

> *Este rayo es la vibración más elevada del arco iris, es el rayo maestro de Saint Germain, es lo que conecta lo humano con lo divino, con la pura energía, es el símbolo de la trasmutación al más alto nivel.*

Puedes invocarlo de forma especial para disolver y trasmutar energías que no están funcionando bien, así como para hacer cambios profundos y trabajar el desapego.

Sanación física: Glándula pineal, parte superior del cerebro, pelo y cuero cabelludo.

Ritmo cardiaco, inflamaciones, sistema inmunitario, hinchazones, problemas y tensiones de tipo ocular, calma los picores, irritaciones, alivia el dolor e interviene de forma positiva en todos los procesos de curación.

> Limpia y purifica de forma general, en cualquiera de los ámbitos de sanación, cuerpo o mente.

Sanación emocional y mental: Ayuda en los procesos en que se necesita una recuperación de tipo emocional, también ayuda en el trabajo para superar adicciones incidiendo en la parte más emocional.

Sanación espiritual: Ideal para mejorar los niveles de meditación, desarrolla los procesos psíquicos desarrollando la intuición, activa los sueños con significado.

> Utilizado para trabajar con vidas pasadas ya que es el puente de conexión entre el alma y la mente superior.

Mensaje de Metatrón

Estoy aquí para ayudarte a hacer lo que te has propuesto, es momento de que comiences a plantearte comenzar a andar, **el camino está delante de ti.**

Lo que debes hacer requiere un esfuerzo importante por tu parte, ya sea dejar una relación, abandonar un trabajo, hacer un desapego material, una adicción, algo que sabes que te cuesta.

Mi ayuda te permite equilibrar la medida del esfuerzo en que debes realizar las acciones.

La fuerza de mi Luz te aporta conocimiento y consejo para emprender esa tarea.

Alcanza el equilibrio, aumenta el AMOR que necesitas para hacer frente a las dificultades, mi LUZ se hace parte de TI, si deseas recibirla.

Comienza por inundarte del verdadero amor por TI, **eres la DIVINIDAD, siente su LUZ dentro de TI, recíbela en este mensaje.**

El nombre de Metatrón tiene diversos significados, "El que está bajo el trono de Dios", "Gran asesor de la Luz" y "El que comparte el trono", su nombre termina en "ON" que significa grande, tiene una alta vibración.

> Este Arcángel Metatrón es uno de los dos únicos Ángeles que antes fue humano, los textos hablan de que el profeta Enoc subió al cielo sin morir y así tuvo acceso a los secretos del universo para después ser transformado en Ángel.

Evolución espiritual, iluminación, pureza, paz, activación y ascensión del cuerpo de luz.

Rayo de Luz: Luz blanca

Chakra: Estrella del alma.

Colores: azul y púrpura.

Su misión primordial es anotar cada uno de nuestros actos con el fin de ayudarnos en la búsqueda del equilibrio.

> Es el Ángel de la memoria, los recuerdos y nuestra propia presencia, nos ayuda a conectar con la tierra, nuestros ancestros y de igual forma nos permite explorar VIDAS PASADAS, es en cierta medida guardián de los registros akásicos, nos ayuda a perfeccionar nuestra alma.

Nos pide que estemos presentes aquí y ahora, en cuerpo y alma con el fin de crecer hacia la espiritualidad.

Al haber sido humano es el que dirige a los Ángeles Gabriel y Samael cuando actúan como Ángeles de la muerte ayudando a las almas a hacer el tránsito entre lo físico y lo espiritual.

> Es el Ángel al que se encomiendan los niños, sobre todo ayuda a los niños índigo y cristal a superar los obstáculos evolutivos.

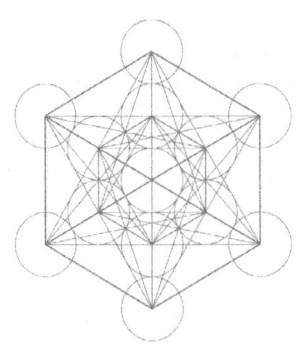

El Cubo de Metatrón, es el símbolo de la geometría sagrada que da origen a todo lo que existe en el universo, es esta forma geométrica la que interconecta las diferentes galaxias, dentro de ese dibujo está la representación del cuerpo geométrico que se obtiene del "Fruto de la Vida", similar a la Flor de la Vida, pero más sencillo.

Ejercicio Angélico con Metatrón

Velas azul o violeta, número ideal 7, puedes combinar ambos colores.

Una imagen del cubro de Metatrón, búscalo con ese nombre en Internet y coloca en el centro de las velas o bien, debajo de la imagen del ángel.

Lavanda, mandarina, sándalo, cedro, geranio, ciprés.

Si es en aceite esencial unge las velas, pon unas gotas en tus manos y acaricia las velas con el aceite hasta que esté impregnada, pon la intención y atención plena cuando lo hagas.

Clave de canalización

Busca un lugar cómodo para sentarte, enciende una vela de color azul o violeta ya que es el color asignado a este Ángel.

> Haz varias respiraciones profundas e imagina que en tu frente, donde se encuentra situado el llamado tercer ojo hay una luz de color azul violeta, esa luz entra en tu cuerpo a través de este punto.

> Poco a poco acompasando tu respiración la luz azul violeta se va expandiendo por todo tu cuerpo, como si fuera la sangre que lo recorre, en ese recorrido poco a poco se va volviendo blanca.

En ese momento debes pedir a Metatrón que ilumine todos tus puntos oscuros a fin de comprender quién eres y qué debes hacer.

Da gracias por la energía que te ha irradiado.

Invocación a Metatrón

"Yo te invoco poderoso y amado Metatrón, te doy las gracias por la ayuda que voy a recibir.

Inunda mi cuerpo, mi mente y mi alma, con la luz necesaria para recorrer el camino hacia la iluminación.

> *Envuelve mi cuerpo y mi espíritu en tu luz blanca llenándome de tus bendiciones, que reciba el equilibrio, la armonía y la limpieza emocional.*

> *Que tu LUZ ilumine cada rincón oscuro que haya en mi VIDA.*

Ayúdame a ver, con la claridad de la luz que aportas a mi alma, a compartir la sabiduría con aquellos que me rodean

Gracias te doy por tu ayuda y tu guía, si consideras que es buena para mi bien y para el de los demás, acepto tu luz y me siento agradecida por tus bendiciones.

Rayo Blanco. Metatrón

Color: Luz blanca

Ámbitos: Evolución espiritual, iluminación, pureza, paz, activación y ascensión del cuerpo de luz.

Chakra: Estrella del alma. Está situado unos 10-15 centímetros por encima de la cabeza, se considera como el octavo chakra y contiene información relacionada con nuestra alma.

> La luz blanca es el rayo supremo, es la que contiene todos los colores, incluso aquellos que nuestros ojos humanos no son capaces de percibir.

Puedes invocarlo para el perdón, la purificación física, mental o espiritual.

Al utilizar este rayo se activa el chakra estrella por lo que se descarga información específica destinada a la transformación espiritual pudiendo iniciar el proceso de cambio si estás preparado para ello.

Sanación física: Todo el cuerpo puede trabajarse con este rayo de luz, mejora la vitalidad y es el más armonizador de todos los rayos de luz.

Sanación emocional y mental: Permite equilibrar y armonizar todo tipo de emociones, nos lleva al encuentro con la paz interna, rebaja las emociones más fuertes y disuelve los bloqueos.

> Permite hacer un buen trabajo de desapego, borrado completo y nuevo comienzo, lienzo en blanco.

Sanación espiritual: Trabajo a todos los niveles, ayuda en gran medida al crecimiento personal de tipo más espiritual, permite mantener el trabajo realizado con los Chakras anteriormente en equilibrio.

Favorece lo que se conoce como el camino hacia el despertar o la iluminación.

Mensaje de Chamuel

Ha llegado el momento de la reconciliación.

Es momento de tomar confianza en TI, **te envío AMOR INCONDICIONAL a través de mi luz angelical,** la energía positiva que elimina el miedo a lo que puede venir, **no estás SOLO, la Divinidad y los seres de Luz están acompañándote en el camino.**

Ahora es momento de acabar con los miedos que hay en tu interior, no retrases más las decisiones que debes tomar, ha llegado el momento de actuar, si notas que cuando intentas dar un paso retrocedes es porque hay miedo en tu interior.

La decisión que has tomado es acertada y debes tener confianza en que es la correcta, lo más importante es que los caminos que elijas para ello deben ser siempre honestos y las decisiones tomadas desde el corazón.

Chamuel, significa "la fuerza", "el que ve a Dios", "el que busca la divinidad" Kamael, Camael, Chamael.

Él fue quien llenó de valor a Jesús en compañía del Arcángel Gabriel en el huerto de Getsemaní cuando iba a ser crucificado.

> Representa las relaciones, la compasión, el amor tanto divino como humano, el valor y la confianza en el amor incondicional de Dios, dones necesarios si necesitamos enfrentarnos a situaciones en las que nos encontramos solos, desanimados y tenemos miedo.

Es el Ángel que protege a los humanos y al mundo en general de las energías negativas, un auténtico Ángel de la Guarda.

Nos ayuda en todo tipo de relaciones, sobre todo en aquellas que cambian nuestra vida de forma radical como conflictos, divorcios, fallecimientos. Muy valioso en la ayuda para apreciar las relaciones amorosas que ya tenemos.

Color: Rosa.

Chakra: Corazón Anahata

Elemento: Aire

Dia dedicado 14 febrero

> *Camael nos permite encontrar el amor de la divinidad en nuestro interior y en lo que nos rodea, nos permite unirnos al todo del universo.*

El Arcángel Chamuel suele aparecer con una rosa en su mano e incienso, simbolizando así la fuerza del amor divino, es el embajador de Marte para asuntos de la Tierra.

Ejercicio Angélico con Chamuel

Velas de color rosa, número 4

Flores frescas: Rosas, menta fresca, eucalipto.

Cristales: cuarzo rosa, turmalina rosa.

Una pulsera o colgante de alguno de los cristales recomendados.

Aromas: canela, clavo, rosa, vainilla, benjuí, rosas.

Utiliza una campana, flauta, cristal con una cuchara para golpear, xilófono, campanillas, cuenco cantarín.

Clave de canalización

Toca 3 veces la campana o el instrumento que has elegido. Enciende una vela de rosa y coloca una mano sobre el centro del pecho, a la altura del chakra corazón y la otra mano sobre el estómago, plexo solar

Realiza la respiración conectiva, recita 3 veces la invocación a Chamuel y fija tu atención en la llama de la vela.

> Abre los brazos como si estuvieras dispuesto a abrazar a alguien que llega, sientes el calor que emana de la vela rosada, ese aire caliente que comienzas a respirar, que llega hasta tu corazón y te inunda.

Cuando termines, da las gracias a Chamuel por su amor y su guía y apaga la vela con los dedos, así podrás guardarla cerca del lugar donde duermes para que siga emanando amor durante unos días.

Si has utilizado algún cristal o bien una pulsera, es bueno utilizarla durante los días siguientes ya que lleva la energía sanadora de este ángel.

Invocación a Chamuel

Amado Chamuel, intercede ante la Divinidad Infinita en mi favor, creo en el poder del amor incondicional que me otorgas y te invoco para que me infundas el valor necesario para unir mi esencia en él.

> *Permite que pueda ver la luz y la oscuridad dentro de mí para poder elegir la luz y avanzar hacia ella para poder transformarme, seguir el camino que es mejor para mí y los que me rodean.*

Gracias amado Chamuel por ayudarme, gracias por conectarme con el amor incondicional de la divinidad, gracias por estar a mi lado y permitirme sentir la luz del amor.

Como debe de ser, así será. (repetir 3 veces)

Rayo Rosa. Chamuel

Color: Rosa

Ámbito: Relaciones, la compasión, el amor divino y humano.

Chakra: Corazón Anahata

Elemento: Aire

Expresa el completo desarrollo de las emociones, especialmente a nivel superior.

> Este rayo es el que representa el equilibrio entre el cielo y la tierra a través de las emociones de nuestro corazón humano.

Este rayo es la unión del rayo rojo rubí con el blanco, por lo que activa la capacidad de amor de forma desinteresada, así como de aceptar el amor que podamos recibir de forma libre y sin necesidad de dar nada a cambio.

> Muchas personas tienen miedo de abrir este chakra, este rayo de luz les ayuda a superar ese miedo aportándoles seguridad y autoestima.

Puede invocarse para perdonar, desarrollar el amor al más puro nivel incondicional, la ayuda a otros.

Sanación física: La piel, las manos, brazos, pulmones, hombros y corazón.

Cualquier parte de nuestro cuerpo que consideremos indigna de recibir amor, nos calma de la tensión física y actúa sobre las enfermedades de tipo psicosomático, también puede que tengamos miedos internos o de forma inconsciente no deseemos recuperarnos de alguna enfermedad.

Sanación emocional y mental: Autoestima, confianza en uno mismo, egoísmo, cuando nos castigamos injustamente.

Alivia la depresión, las conductas compulsivas y las de tipo auto destructivo.

> Te ayuda a ser consciente de tus habilidades, virtudes y talentos, permitiendo que te valores y se vean fomentados.

Sanación espiritual: Atrae a las parejas a las que estamos destinados a nivel energético, no solo como parejas de vida sino almas gemelas con las que compartir nuestros procesos personales.

Mensaje de Haniel

Has elegido purificar tus cinco sentidos para ver lo mejor que hay dentro de ti.

En este momento es posible que en tu vida existan situaciones de conflicto, problemas, disgustos, especialmente relacionados con temas amorosos o de relaciones.

Te invito a enfrentarte a las cosas en este momento y ahora mismo, te otorgo en mi canalización la sanación para el cuerpo, para las relaciones de pareja, amistades y conflictos.

Es momento de aprender a ver la luz dentro de la oscuridad y discernir, qué es lo más correcto y lo que ciertamente es bueno para la situación, y sobre todo, que es lo bueno PARA TI.

El nombre de Haniel significa "la gracia de Dios" y "la alegría de la divinidad". Anael, Hanael y Aniel.

Está presente en la Cábala, su planeta es Venus y rige los signos del zodiaco de Libra y Tauro, su nombre está relacionado con la diosa Venus, la diosa del Amor.

> Haniel nos habla de amor incondicional, compasión, salud, gracia, purificación, limpieza energética y todos los dones necesarios para la sanación del cuerpo.

Se invoca para solicitar la fuerza y perseverancia para afrontar la debilidad, es un guía para las visiones y revelaciones, protector de todas las almas, así que es un Ángel guerrero, su autoridad está aquí para ayudarte a cumplir la misión que tu alma tiene encomendada en esta vida.

> Trabaja de forma poderosa con la autoestima y el amor propio, cuando no nos aceptamos como somos e incluso no estamos conformes con nuestro cuerpo físico.

Rayo de Luz: Turquesa

Ámbito: la expresión de los sentimientos y emociones.

Sanación de la energía femenina.

Chakra: cardiaco superior o timo

Flores y plantas rodean a este Ángel cuando es representado, simboliza de esta forma el florecer de las semillas que están dentro de nosotros, suele llevar una luz que representa la luz que nos guía para actuar desde el corazón.

Ejercicio Angélico con Haniel

Velas de color plata, rosa fuerte o turquesa.

Aromas: Manzanilla, pomelo, naranja, sándalo, clavel, limón.

Flores: margaritas blancas, rosas, azahar, manzanilla.

Adornos en plata, anillos, pulseras, cadenas, figuras.

Imágenes con corazones o relacionados con la mujer, símbolo mujer.

Cristales: piedra de luna, amatista, ópalo, cuarzo rosa.

Clave de canalización

Busca un lugar cómodo para sentarte, si es posible en el suelo, enciende una vela de color rosa fuerte o bien de otro de los recomendados.

> Coloca las manos sobre las rodillas separadas con las palmas hacia arriba, invoca al Ángel Haniel y siente como la luz rosada que emana de la vela crea una nube a tu

alrededor que vas a ir respirando poco a poco. Llévala a través de tu cuerpo hasta el chakra corazón.

Da las gracias Haniel por su amor y su guía. Apaga la vela, puedes guardarla cerca del lugar donde duermes para que siga emanando amor durante unos días.

Otra opción para realizar una invocación con Haniel es hacerlo en plena naturaleza, descalzando tus pies para que se conecten con la tierra y meditando a la vez que escuchas los mensajes de la Madre Tierra.

Invocación a Haniel

Amado Haniel, tú que estás lleno de la gracia de la divinidad, otorgas la belleza y la alegría a la Tierra por la eternidad.

> *Te pido que me otorgues tu gracia y serenidad, me llenes de tu energía divina y amorosa, guía mis gestos y palabras para ayudarme a disfrutar de las bendiciones de cada día.*

> *Que tu Luz Turquesa me envuelva para ayudarme a disfrutar de las bendiciones que recibo cada día. Me amo, me perdono y me acepto.*

Ayúdame a distinguir mis verdaderos sentimientos y alejarlos de los de otras personas, permite que pueda reconocer mi propia esencia divina.

Gracias te doy amado Haniel por tu magnetismo divino y por tu energía positiva.

Rayo Turquesa. Haniel

Color: Turquesa

Ámbito: la expresión de los sentimientos y emociones.

Chakra: Cardiaco superior o timo

Es una combinación equilibrada de azul y verde, está enfocado al trabajo de la individualidad y el conocimiento espiritual.

> Invoca a la auténtica libertad personal y espiritual, permite la apertura de la mente y desbloqueo de creencias.

Sanación física: Glándula Timo y garganta, cuello y dolores de cabeza, mareos.

Trabaja sobre el sistema nervioso y problemas de tipo respiratorio, mejora los problemas de peso, alergias, diabetes, fatiga crónica, hipertensión.

Sanación emocional y mental: Ayuda a calmar, aporta tranquilidad a la vez que equilibra las emociones. Muy útil ante los ataques de pánico.

Trabaja sobre la confianza, la fuerza interior, autoconfianza. Mejora la comunicación a todos los niveles.

Sanación espiritual: Trabaja sobre los aspectos negativos, sobre todo cuando hablamos de avanzar y superar obstáculos, abrir nuevos caminos.

Refuerza todos los procesos de sanación espiritual potenciando la clarividencia y la intuición, por lo que abre nuevos canales de conexión con seres de luz, guías y maestros ascendidos.

Mensaje de Tsaphikiel

Acepta tu misión, es momento de incrementar el entendimiento, acepta lo que viene, aunque no lo comprendas, **solo al aceptar serás consciente de recibir mi luz, ella te dará el conocimiento que buscas, las respuestas.**

Soy el responsable de los comienzos y finales, conecta con mi luz para aliviarte en los momentos dolorosos, algo debe morir para renacer de nuevo.

Elimina todo aquello que es superficial, llega a la esencia de la situación en la que te encuentras para poder renacer de una forma diferente y comenzar una forma de vida distinta, un camino apoyado realmente en el amor y la intuición.

Ha llegado el momento de tomar las riendas de tu propio destino.

El nombre de Tsaphikiel, conocido como, también conocido como Binael significa "la contemplación de la divinidad", divinidad en femenino.

> Este Arcángel es quien guarda los registros kármicos, el guardián de la memoria cósmica, está vinculado a las aguas originales, la inercia y la oscuridad.

> Tsaphikiel es quien ofrece la compasión, la divinidad en femenino y la alegría que da la paz verdadera.

Este es el Ángel que estuvo con Noé y le ayudó a construir el arca, durante todo el diluvio estuvo a su lado, protegiendo a todos y haciendo guardia sobre el techo. Tiene una gran conexión con el agua, es el arcángel de los ríos y los mares.

Color: lila

Ámbito: activación del chakra angélico

Chakra: angélico o quinto ojo.

Sus dones son necesarios para poder comprender los objetivos que tenemos y encontrar cada día la alegría necesaria, este Ángel es quien de acuerdo con nuestra espiritualidad construye nuestro destino para ser felices.

> Elimina todo lo superficial y accesorio en beneficio del desarrollo espiritual, potencia la intuición, el discernimiento para el renacimiento a un nuevo nivel de conciencia que permita abrir tu corazón y manifestar la autenticidad de tu YO interior.

El Arcángel Tsaphikiel suele aparecer con dos pajarillos, simbolizan a la pareja de la divinidad en referencia a las parejas que subieron al arca, también suele llevar en las manos un cáliz de oro que simboliza las aguas que fluyen del conocimiento.

Ejercicio Angélico con Tsaphikiel

Un vaso de cristal con agua fresca.

Una imagen relacionada con el agua, un mar, río o similar.

Si deseas utilizar velas que sea solo una, colores más favorables lila, azul oscuro, negro o blanco.

Cristales: calcedonia, turquesa, lapislázuli.

Aromas: manzana, gardenia, jacinto, geranio, magnolia.

Flores frescas: jacintos, tulipanes, jazmines, claveles blancos.

Clave de canalización

Busca un lugar cómodo para sentarte, enciende una vela de color lila e invoca su nombre mientras centras tu atención en el pecho.

> En este caso es importante recitar la invocación, hazlo 3 veces y toma el vaso completo de agua, hazlo despacio, haciéndote consciente del paso del líquido a través de la garganta, de su flujo por todo el cuerpo. (es posible que sientas que tu cuerpo reduce ligeramente la temperatura).

Da 3 palmadas y comienza con la respiración conectiva.

Cuando sientas la conexión angelical es el momento de hacerte estas preguntas:

¿Quién soy? ¿Cuál es mi misión?

No necesitas contestarlas, simplemente repite la invocación cada poco tiempo junto con las preguntas.

Da gracias por la ayuda que acabas de recibir.

Abre los ojos y si has utilizado velas centra tu atención en ellas, toma unos minutos mientras observamos cómo se consume la vela, conforme se va consumiendo podremos sentir como el dolor y el rencor que albergamos dentro va desapareciendo.

Agradece nuevamente la conexión angelical.

Invocación a Tsaphikiel

"Amado Arcángel Tsaphikiel, te invoco para que me ayudes a pasar este momento doloroso y a despojarme de la energía negativa que guardo en mi interior.

> *Otórgame el conocimiento necesario, permite que tu luz reveladora me ilumine para conocer quién soy, cuál es mi misión, abre mi entendimiento, despierta mi intuición para conocer la verdad y ser consciente de mi verdadera esencia.*

Dame fuerzas para renacer de nuevo, purifica mi alma y mi corazón llenándolos del amor de la divinidad, de tu luz sanadora.

Gracias amado Ángel por ayudarme y brindarme tu guía."

Rayo Lila. Tsaphikiel

Color: Lila

Ámbito: Activación del chakra angélico

Chakra: Angélico o quinto ojo. Situado en la parte superior de la frente, se conoce como Lalata.

La conexión con el rayo de luz lila permite equilibrar también el chakra del plexo solar permitiendo una mayor confianza y seguridad.

> Cuando se activa el quinto ojo se puede avanzar de forma mucho más rápida hacia el camino del cambio y la transformación, suele combinarse con conexiones del rayo Blanco.

Sanación física: ayuda de forma general a la sanción de cualquier parte del cuerpo físico, excelente para eliminar bloqueos y muy útil con los dolores de cabeza.

Sanación emocional y mental: Produce una gran paz mental, especialmente cuando tenemos muchas alteraciones ante las decisiones.

Reduce la irritación, rebaja las inquietudes y sobre todo actúa con las preocupaciones. Trabaja sobre todo con pensamientos y emociones nos están afectando y son realmente creencias de otros.

Nos permite ser objetivos y mejora la concentración. Ayuda a trabajar con todo tipo de adicciones.

Sanación espiritual: Un aliado ideal para la meditación, especialmente cuando se realiza para la conexión y canalización, trabaja con los patrones negativos del alma y con los procesos kármicos.

888

Mensaje de Sandalfón

Este es mi mensaje, acepta que te mereces la victoria, **la Infinita Divinidad tiene tu camino marcado y si eres firme tendrás la felicidad.**

Ha llegado el momento de disfrutar y de que la paz esté a tu lado, vive el momento presente y disfruta de cada sentimiento por completo, hazte consciente de tus emociones

Tu futuro está asegurado y es positivo, reconoce quién eres y confía en que tu éxito es bueno para los otros porque es bueno para TI. Este es el momento de desarrollar tus habilidades para hacer el bien.

Vive con integridad tus dones y despierta a la luz para vivir este momento, **aprecia lo que tienes y DA GRACIAS por ello**, gracias, gracias, gracias.

El nombre de Sandalfón significa "el hermano", en referencia a que está unido en hermandad con el Arcángel Metatrón.

Este Ángel como algunos otros era humano, se dice que es el profeta Elías ascendido, proviene de la tradición judía y se considera el hermano gemelo de Metatrón, así como el encargado del planeta Tierra.

Sus dones son el crecimiento, la evolución y la armonía, virtudes necesarias para emprender cualquier camino ya sea espiritual o humano, una ayuda indiscutible para aprender a ver el lado positivo de las cosas.

> Nos guía para aprender a vivir con alegría, sin culpabilizarnos y amando sin condiciones, sin apegarnos a lo material ni espiritual, sin esperar nada a cambio solo viviendo y amando.

Es el Ángel encargado de escoger el sexo que tendrán los bebés, por eso muchas embarazadas le invocan y piden su protección.

Color; Amarillo y Turquesa

Es el encargado del planeta Tierra, por lo que custodia todos los colores de la naturaleza.

Suele representarse con cara de niño y acompañado de un cisne, se dice que nos habla a través de la música.

Sandalfón tiene una gran estatura y se le conoce como el Arcángel de la Música, recibe los cantos de la humanidad y los conecta con la Divinidad, lucha junto al Arcángel Miguel contra las fuerzas de la oscuridad.

> *En la tradición judía, cuando las oraciones llegan al cielo Sandalfón las teje en coronas de flores para entregárselas a Dios.*

Si estás embarazada, toma dos cartas, la de Sandalfón y la del Ángel Metatrón y pide doble bendición si vas a tener un hijo, que la bendición baje del cielo y suba de la tierra y se concentre en tu vientre para iluminar al niño que va a nacer.

Ejercicio Angélico con Sandalfón

La música es muy importante en la canalización con este ángel, la invocación debería realizarse cantándola y las respuestas a recibir posiblemente las encuentres en la letra de canciones que aparecerán posteriormente o pequeñas sonatas o cantinelas que surjan de forma espontánea de tu interior.

Velas de color amarillo o Turquesa, utilizar 5

Cristal: Turquesa

Utilizar un recipiente de cerámica o similar con tierra fértil.

Puedes añadir representaciones de los 4 elementos de la Naturaleza, también una imagen con el árbol de la Vida.

Si sabes tocar una flauta o algún instrumento como un xilófono, este es el ángel indicado para hacerlo.

Clave de canalización

Pon música o comienza a hacer sonar el instrumento que has elegido, siéntate en calma para invocar a este Arcángel Sandalfón.

> Canta la invocación, permite que la música que vaya surgiendo de tu interior, a la vez que cantas permite que tu cuerpo se balancee hacia los lados o bien adelante y atrás, suavemente, como si te mecieras al compás de la música.

En mitad de la canalización toma un puñado de tierra con tus manos y mantenla entre ellas con amor recibiendo su energía y agradeciendo al ángel su energía sanadora.

Invocación a Sandalfón

"Amado Ángel Sandalfón, tú que estás lleno de amor y alegría escucha mi llamada.

> *Abre mis oídos para que pueda escuchar tus mensajes.*
>
> *Abre mis sentidos para que pueda estar en el momento presente.*
>
> *Acepto tu luz para que mi esencia actúa y haga lo que deba para favorecer el proceso actual.*
>
> *Llena mi vida con tu luz en positivo.*
>
> *Acepto gozar del amor y la paz en conexión con mi entorno.*
>
> *Soy parte de cada momento de mi Vida*
>
> *Soy uno con la Divinidad Infinita.*

Gracias, te amo, gracias, te siento, gracias recibo tu música, gracias sano con tu luz.

Mensaje de Ariel

Te has marcado un objetivo, una meta, un camino de vida y es firme tu decisión o bien estás a punto de hacerlo y te encuentras desorientada.

Tienes un gran deseo y no sabes cómo hacer para llegar a conseguirlo.

Mi luz te acompaña, te ilumina para organizar tu vida para ello, vigila tus sueños ya que es posible que a través de ellos las respuestas que necesitas lleguen a ti.

Cuida de tu entorno para ayudarte a conseguir lo que deseas, animales y plantas que te rodean, limpia tu espacio y pon orden, **sino permites que haya espacio no podrá entrar lo que deseas.**

Todo empezará a encajar como un puzle.

El nombre de Ariel significa "el león de Dios", "el altar"

Este Arcángel es quien protege la naturaleza, los animales y la tierra, también protege a los seres invisibles como las hadas, es el gran protector de nuestro planeta.

Ariel es quien maneja los cuatro elementos de la naturaleza, agua, fuego, tierra y aire, es el encargado de mantener su orden.

> Se le relaciona con los sueños y revelaciones, es el Ángel de la Abundancia que proviene del conocimiento y la sabiduría, por lo que se dice que está siempre al lado de descubridores y científicos.

Se invoca para recobrar la salud, representa el valor y el triunfo, disuelve los bloqueos de tipo kármico y los esquemas de pensamiento rígido que nos impiden avanzar.

Color: rosa

Metal: dorado, oro.

Cuando lo vemos representado suele tener un globo terráqueo y a su alrededor hay elementos que se relacionan con la naturaleza y los elementos esenciales, tierra, fuego, agua y aire.

Ejercicio Angélico con Ariel

Representaremos los 4 elementos de la Naturaleza:

> Fuego mediante una vela rosa, tierra con una amatista o cuarzo, el agua con un cuenco lleno de este líquido, para el aire utilizaremos incienso.

Aromas: menta, eneldo, eucalipto, hierba luisa, salvia.

Si es en aceite esencial unge las velas, pon unas gotas en tus manos y acaricia las velas con el aceite hasta que esté impregnada, pon la intención y atención plena cuando lo hagas.

Clave de canalización

Un lugar estupendo para invocar a este ángel es en plena naturaleza y con los pies descalzos.

> *Enciende la vela y agradece al elemento fuego su ayuda y poder.*
>
> *Toma el cristal amatista o cuarzo y agradece al elemento tierra su ayuda y poder.*
>
> *Toca con tus dedos el agua del cuenco y agradece al elemento agua su ayuda y poder.*
>
> *Enciende el incienso y pasa tus manos por el humo, agradece su ayuda y poder.*

Coloca tus manos en el centro de las ofrendas, como si canalizaras su energía y las bendijeras, las palmas hacia abajo, pasa por cada una de ellas comenzando por la primera a tu izquierda y siguiendo en la dirección de las agujas del reloj.

Realiza la respiración conectiva y comienza la invocación, repite 3 veces.

> Coloca tus manos ahora con las palmas hacia arriba, los brazos semi abiertos y la cabeza ligeramente hacia arriba, en actitud de oración y recepción, dispuesta a recibir.

Hazte consciente de tu respiración, de cada parte de tu cuerpo, entra en estado meditativo o de relajación profunda.

Invocación a Ariel

Amado Ángel Ariel, te invoco con amor y gratitud para que clarifiques mi mente y sea capaz de ver los pasos que debo seguir para llegar a mi meta, cumplir mi propósito.

> *Yo elijo recibir claridad en mis ideas, abro mi mente y mi corazón para escucharte, te doy gracias por interceder para darme el éxito que la Divinidad sabe que me corresponde.*

> *Que mi meta se cumpla si es buena para mí y para los que me rodean.*

> *Rodéame con tu luz para sentirme protegida y segura, fortalece mi YO superior para dejar atrás los pensamientos del ego.*

Gracias Ariel por tu gracia, por tu luz y por tu guía.

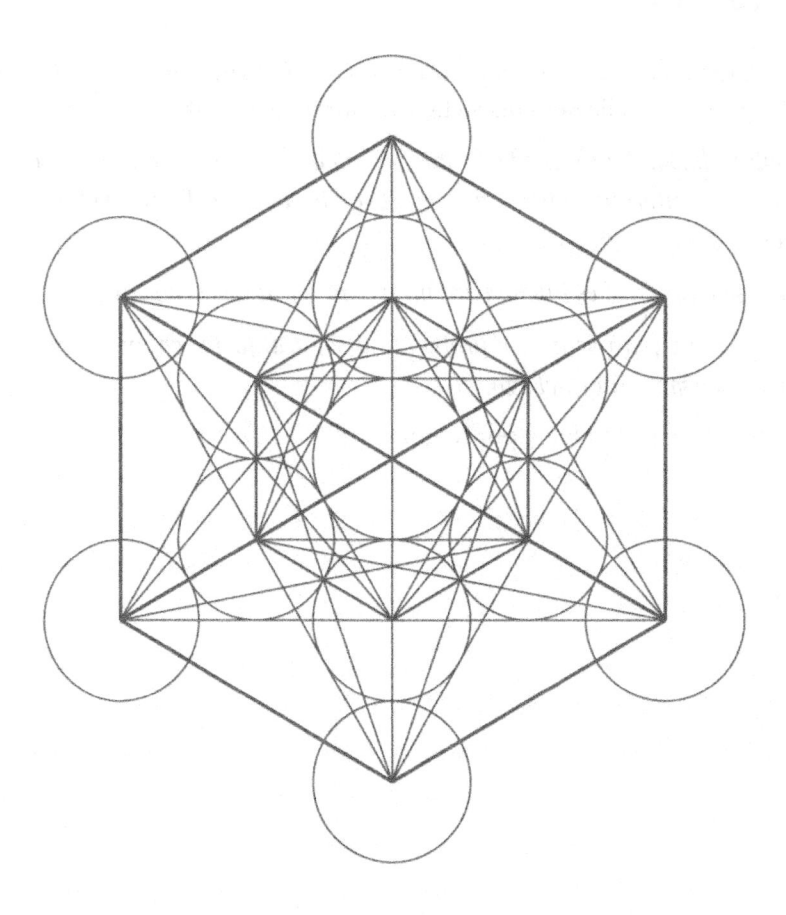

Mensaje de Israfel

Ha llegado el momento de hacer justicia en la situación que te preocupa.

> *Debes aplicar justicia en el tema que te afecta, no estás actuando de manera correcta, estás beneficiando a quien no corresponde, es momento de volver hacia quien has dado de lado y aceptar la realidad.*

La armonía solo volverá cuando realmente seas capaz de ser justo con las personas que están implicadas, entre ellas tu misma, acepta tu propia responsabilidad y también todo lo que es BUENO y te CORRESPONDE, la divinidad también es parte de TI.

Destruye los pensamientos que te están limitando, quema tus miedos y la situación se resolverá por sí sola.

El único miedo reside en tu mente, si lo borras de ella, serás libre.

El nombre de Israfel significa "el que arde en Dios" "El Ardiente"

Se le llama el Ángel del Canto y la Resurrección, es quien acompañó a Mahoma en los tres años que pasó como profeta predicando el Corán.

> Anima a la gente a cantar para eliminar las energías oscuras y levantar el ánimo, para llenarte de energía positiva.

Israfel es el Ángel encargado de tocar la trompeta el día del Juicio Final con el fin de despertar a vivos y muertos, es el que aparece en la carta del tarot precisamente que se llama así, el Juicio.

Colores: Azul Real.

Relación: 4 puntos cardinales.

Es el Arcángel del Despertar, de los nuevos tiempos, para todos aquellos que han estado dormidos y desean despertar a la realidad de lo que les corresponde, de aquello para lo que vinieron a esta vida, su auténtico propósito.

> Nos permite conocer nuestros talentos y virtudes, ser plenamente conscientes de quienes somos, la magnificencia de nuestros dones y para ello usamos la creatividad en cualquier forma que pueda ser manifestada por nosotros.

Cuando lo vemos representado es un Ángel enorme que mira hacia las puertas del infierno mientras llora por la humanidad que está dentro, de sus lágrimas la divinidad hace una legión de Ángeles. También suele representarse tocando una trompeta.

Ejercicio Angélico con Israfel

Una campana o cuenco tibetano, campanillas, un tambor, etc.

1 vela azul real (el azul vibrante de los ropajes reales)

Un dibujo de la Rosa de los Vientos o una referencia donde se indiquen los 4 puntos cardinales.

Elige un canto o canción, puede ser el simple OM o bien puedes tararear cualquier canción que consideres que es bella, puede o no tener letra y puede ser inventada claro.

Clave de canalización

Toca la campana 3 veces de forma espaciada.

Realiza la respiración conectiva y repite la invocación 3 veces

> Mueve tu cuerpo como si fueras un péndulo mientras cantas, hacia los lados y hacia delante y atrás, mientras lo haces visualiza Israfel en su esplendor.

Toca la campana 3 veces de forma espaciada

Continua el movimiento pendular de tu cuerpo y repite 3 veces la invocación.

Toca la campana 3 veces de forma espaciada.

Cierra los ojos, continua cantando y el movimiento pendular, siente como resuena en tu interior la música que estás cantando, el tintineo de la campana, introduce en tu canto la palabra AMOR de forma continuada, poco a poco la música te lleva a un estado meditativo.

Bailar y cantar permite que conectes con este poderoso Ángel, recuerda siempre agradecer los dones recibidos.

Invocación a Israfel

Amado Israfel gracias te doy por tu luz, tu canto sanador y todos los dones que recibo, a ti te ofrezco mi canto y mi oración.

Desde el Norte hasta el Sur, desde el Este hasta el Oeste tu luz sanadora envuelve el mundo, ahora me envuelves a mí.

Dame la capacidad de trasmutar lo negativo en positivo, permite que mi gratitud conecte con la verdadera divinidad, ver la luz donde solo veo oscuridad.

Gracias por tu música de sanación, gracias por tu consuelo y tu guía, por conectarme contigo y en tu Luz en la Divinidad.

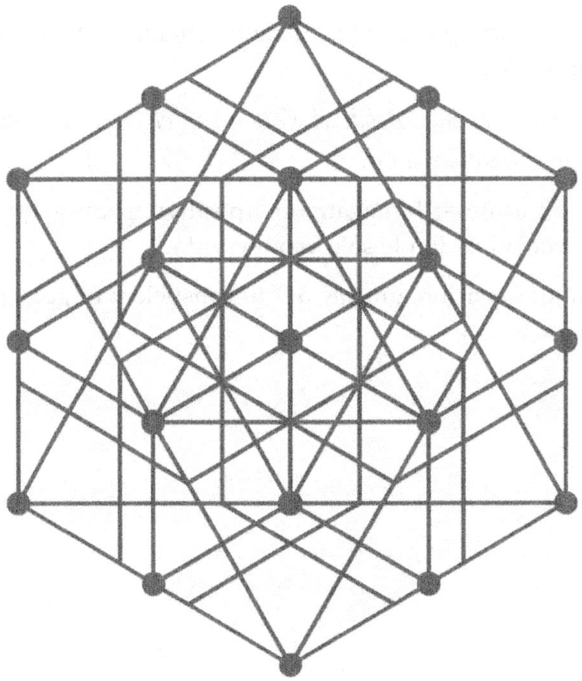

Mensaje de Vretiel

Es momento de realizar actividades artísticas de algún tipo, necesitas inspiración.

Es el momento de tomar la situación y analizar las creencias que la envuelven, ha llegado el momento de tomar ACCION y comenzar a hacer cambios, ya no eres la misma persona de ayer, las cosas no pueden permanecer inalterables.

Eres la energía que te rodea. Actúa con amor y recibirás amor. La ley del Karma está presente

Tal vez debas dejas atrás a personas o cosas, trabaja el desapego y hazte libre, suelta lo necesario, el éxito vendrá dado con esa pérdida, aprende de esta lección, los caminos deben de cambiar.

Si haces daños a los demás eso recibirás, actúa con amor y recibirás más amor.

El nombre de Vretiel significa "el guardián de la luz", Radueriel y Vretil

Custodia la canalización entre el cielo y la tierra y conoce profundamente a la divinidad.

Una de sus principales misiones es guardar y proteger los libros sagrados, es el escritor más alto del ejército angelical; se dice que es quien inspiró a Enoc a escribir los libros sagrados que se le atribuyen con una pluma de sus alas y le ofreció su conocimiento Universal de la Tierra y el Cielo.

El Ángel de la Sabiduría y los Registros Akásicos, él es realmente la biblioteca energética sagrada donde se guardan.

Color; Blanco y lila.

Cuenta con el conocimiento para solventar los misterios, ayuda en las misiones imposibles.

Nos dice que todo lo que hacemos de forma individual afecta a todas las personas de nuestro entorno y a cualquier ser que contenga energía, ya que todos somos energía.

Nos enseña a vivir y disfrutar del amor divino, incondicional, aceptar el que recibimos y también a dar nuestro amor divino para compartirlo.

Vretiel no trata de cumplir con el Karma sino de educarnos para que no tengamos que sufrir ningún tipo de karma negativo, si actúas con amor, recibirás amor.

Este es el Ángel de los artistas, sobre todo en lo relacionado con la pintura y la poesía, habla directamente a nuestra alma elevando el alma y el espíritu positivo.

Ejercicio Angélico con Vretiel

Un puñado de pétalos blancos de flores, pueden ser rosas, margaritas, gardenias, claveles.

2 velas blancas

Cristales; cuarzo blanco o transparente, angelita, ágata de cinta azul, calcita dorada.

Aromas; Rosas, jazmín, lavanda, árbol de té, naranja dulce, menta.

Canela, puedes poner un poco de canela en polvo en las velas o bien encima de los pétalos blancos de flores.

Plumas.

El ejercicio ideal para hacer con Vretiel es la Escritura Automática que hemos visto en capítulos anteriores, lo ideal es introducirlo a continuación de la conexión angelical.

Clave de canalización

Busca el sol, si puede ser el de primera hora de la mañana, siéntate frente a él e invócalo, siente el sol en tu cuerpo, como penetra hasta tu interior, pide al Ángel que te bendiga y que te otorgue confianza para afrontar los cambios que debes realizar, recita 3 veces la invocación.

Enciende las velas blancas y comienza por la meditación conectiva, coloca tus manos con las palmas unidas en posición de oración, debes haber rociado con canela las flores, por lo que al acercarlas a tu rostro debes sentir el aroma de la canela.

> Siente como una luz blanca semitransparente que emerge de las velas se hace presente en tu entorno, un ligero frescor la envuelve, sientes como recorre tu piel y comienzas a respirarla por la nariz.

> Haz un recorrido con esa luz por todos tus Chakras comenzando por el corona hasta el raíz, luego permite que circule varias veces por tu columna vertebral, arriba y abajo.

Toma con tus manos los pétalos de flores, recibe su energía y coloca las manos con ellos cerca de tu pecho.

Cuando sientas que has terminado agradece al Ángel los dones que te ha otorgado.

Invocación a Vretiel

"Amado Vretiel, mi mente y mi espíritu necesitan de tu luz para conocer la inspiración que está por venir.

> *Ilumina mi camino con tu luz y otórgame el conocimiento que consideres necesario, la sabiduría que la Divinidad sabe que es buena para mí y los que me rodean.*

> *Trae a mí los recuerdos de mis registros, de vidas pasadas, que necesito para discernir el camino correcto, mis registros antiguos, aquello que necesito aquí y ahora.*

Ayúdame a ver la luz al final de la oscuridad, recibe mis gracias por los dones que voy a recibir, te amo en tu luz divina. Gracias, te amo, GRACIAS"

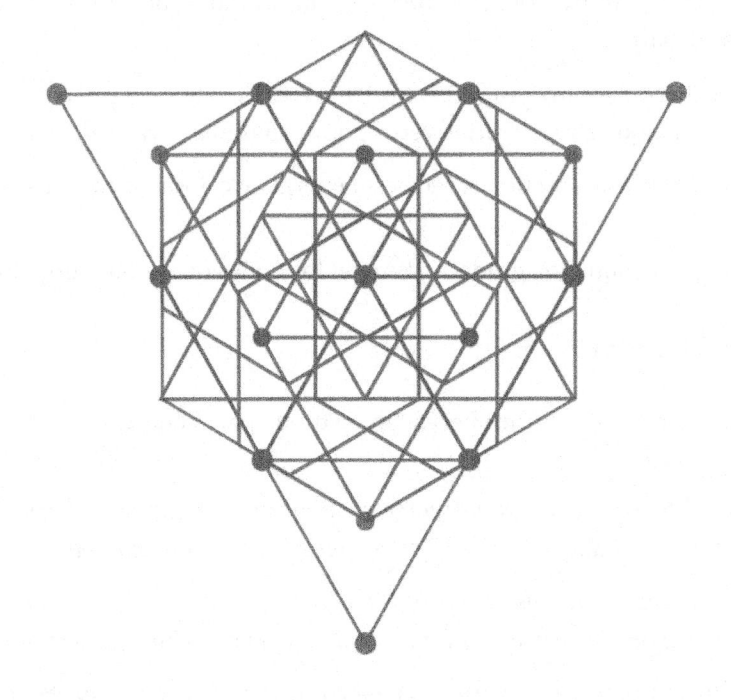

En tu situación hay involucradas otras personas, un grupo determinado o incluso tu familia.

Ha llegado el momento de negociar, en la negociación también hay que ser generosos y algo tienes que ceder o perder, un sacrificio necesario para conseguir la plenitud.

Es la justicia en su lado más generoso, es la ley del amor divino e infinito.

Es bueno ayudarte a ti para ayudar a los demás, si bien ve amor en ellos, la compasión debe aparecer en tu vida.

Abre tus ojos, verás el AMOR que hay en ellos.

Este ángel representa el aquí y ahora, la generosidad y el crecimiento, sus dones permiten prepararse para comenzar la regeneración, el traspaso a una vida nueva más generosa y mejor.

El nombre Zakariel significa "Dios es mi recuerdo" "memoria de la divinidad", se le conoce con el Ángel Curativo.

Este Ángel se asocia con la figura egipcia del dios Amón, este era uno de los dioses más importantes del antiguo Egipto, el que creaba la vida en la Tierra y velaba por su bienestar.

Justicia, economía, orden, nos otorga el libre albedrío para decidir y cambiar nuestro karma, sobre todo cuando a través de nuestros actos nos hacemos daño y queremos sacrificarnos.

Es el regente del Planeta Júpiter y el gobernador del Sol.

Colores: azul y purpura

Día: jueves

> Nos guía para iluminar nuestros pensamientos dando estabilidad y firmeza en nuestra mente, a nuestras decisiones, te llena de valor y fuerza para enfrentar las dificultades.

El encargado de llevar a las almas al juicio. Recordarte que nuestro juez siempre somos nosotros mismos, veremos el resultado de nuestra vida y a qué, han llevado nuestros actos, siempre nos enseña a ver con la visión del más puro amor para aprender.

> Es el aspecto más generoso de la justicia, lo que se denomina la esfera de la Compasión, debemos ver los dos polos, lo positivo y negativo.

Curación espiritual, emocional, mental y física, te ayuda sobre todo con los cambios, especialmente con los grandes, te llena de valor y fuerza para enfrentar las dificultades, te inspira sobre todo valentía.

Ejercicio Angélico con Zakariel

3 velas azules y 2 púrpura o rosa fuerte, colocar en línea delante de la imagen del ángel intercaladas por colores.

Cristales; Obsidiana, amatista, ámbar.

Aromas; pomelo, naranja, limón, menta, Ylang Ylang,

Aceite esencial de bergamota.

Unge las velas con el aceite esencial de bergamota antes de encenderlas, permite que se seque en tus manos para que desprendan el mismo olor.

Clave de canalización.

Toma la obsidiana o el cristal elegido en tus manos, comienza la respiración conectiva y repite 3 veces la invocación.

Coloca la obsidiana en tu chakra garganta con la mano izquierda, lleva la mano derecha a las velas para conectar con la energía que emana de ellas.

> Siente que eres un canal de energía, la sanación llega a través de tu mano, pasa por tu brazo y abre el chakra garganta, cuando sientas que respiras más abiertamente comienza a pasar esa energía por el resto de los Chakras.

Repite nuevamente la invocación varias veces, como si de un mantra se tratase, en cada inspiración hazte consciente de la energía que estás recibiendo, en cada exhalación deja salir todo lo malo que pueda haber en tu interior.

Haz la invocación en voz alta, estoy segura de que la experiencia te encantará.

Invocación a Zakariel

Amado Zakariel, que tu luz azul y violeta descienda hasta mi para fundirse con mi ser en el amor de la Divinidad Infinita.

> *Que la luz sanadora de la divinidad por la que intercedes cambie mi dolor, mi emoción negativa por la auténtica luz del amor y la compasión.*

> *Trasmuta cualquier cosa negativa que haya en mi karma a fin de que sea transformada en amor y compasión, que el perdón sea mi máxima.*

> *Lo siento, te amo, perdona, gracias.*

Gracias te doy amado Zakariel por todos los dones que recibo, para que así sea en la gracia y de la forma perfecta."

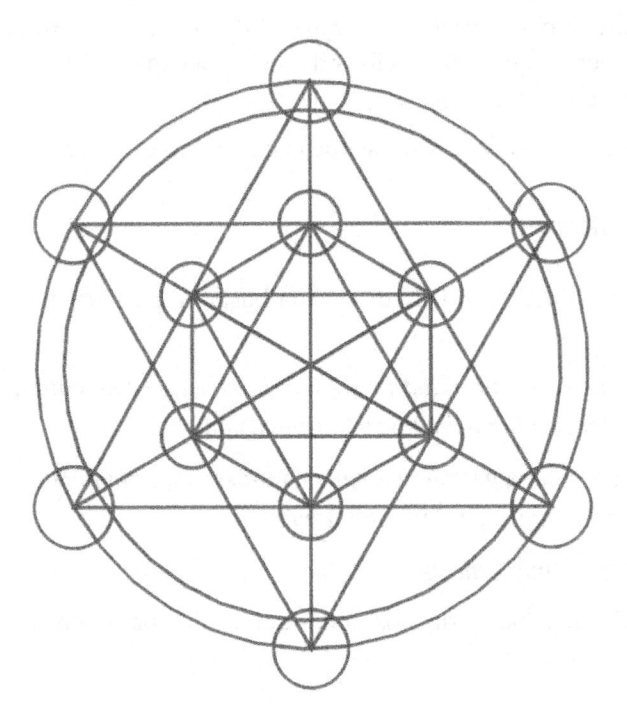

Mensaje de Abdiel

Ha llegado el momento de que tomes decisiones, estás en una encrucijada y debes tomar acción.

Debes creer firmemente en las decisiones que has tomado, llevarlas a cabo con firmeza y sobre todo siendo fiel a ti mismo.

Trata a los demás como te gustaría ser tratado.

Asume la responsabilidad, aunque los momentos sean complicados, mantente siempre fiel a tus propios valores y creencias y saldrás victorioso, **no aceptes compromisos que vayan en contra de aquello en lo que crees.**

El nombre de Abdiel significa "Dios es generoso" servidor de dios

Abdiel representa la lealtad, la firmeza y la coherencia, es el único Ángel que se aleja de Lucifer y permanece fiel a la divinidad, llegando incluso a atacarlo con su espada.

Este es el ángel de la Dualidad

Color: dorado y naranja

> Es nuestra guía espiritual para no traicionarnos a nosotros mismos y saber qué decisiones tomar en la vida, su don principal es la asunción de la responsabilidad de las decisiones que hemos tomado o vamos a tomar.

Invocar a Abdiel nos ofrece ayuda para permanecer fieles a nuestros valores, hacernos fuertes en no aceptar compromisos que estén en contra de nuestras creencias, nos exhorta a ser realmente FIELES a nosotros mismos, a pesar de que pueda parecer que solo traicionándonos puede generarse el ÉXITO.

Este Ángel es el de los colores opuestos, la oscuridad y la luz, para aprender a diferenciar lo que es bueno para nosotros y lo que no, nos permite obtener respuestas cuando nos encontramos en momentos clave de nuestra vida y debemos decidir.

Ejercicio Angélico con Abdiel

Cristales; Aguamarina, ágata verde, citrino, turmalina negra.

Utiliza dos velas, siempre deben ser de colores opuestos o complementarios, blanco-negro, rojo-verde, azul-naranja o amarillo-violeta.

> Cada una de las velas simboliza una de las dos posibles decisiones que debes tomar, puedes hacer una nota con cada una de las opciones y colocarlas debajo de la vela que consideres.

Aceite esencial de menta o jazmín, coloca una pizca en tu chakra del tercer ojo antes de iniciar la canalización.

Clave de canalización

Invoca a Abdiel y con los ojos abiertos respira profundamente mientras vas accediendo a la serenidad y observando ambas velas, realiza la respiración conectiva, cuando consideres puedes cerrar los ojos.

Realiza la invocación a Abdiel y repítela 3 veces.

> Mantén la relajación profunda, puedes repetir internamente la pregunta que quieres resolver o simplemente pon tu atención en las sensaciones que estás recibiendo en este momento de canalización angelical.

En un momento determinado sabrás la decisión que has de tomar o simplemente deberás confirmarla, así que abre los ojos y podrás observar cómo la forma de las velas ha cambiado y son diferentes, sabrás cuál es la elección correcta.

Si dudas es posiblemente porque no quieres aceptar la respuesta, en ese caso realiza una canalización con Metatrón antes de volver a hacerla con Abdiel.

Invocación a Abdiel

"Amado Abdiel, invoco a tu luz divina para guiarme hacia la decisión correcta.

> *Que el amor y la fidelidad que son tus dones más preciados lleguen a mí para que siempre sea capaz de ser fiel a mí mismo y a mis creencias.*
>
> *Gracias Divinidad Infinita por darme aquí y ahora lo que me corresponde, siempre en la gracia y de la mejor manera.*

Gracias te doy amado Abdiel por interceder ante mí a la divinidad otorgándome esta luz necesaria para poder transformar mi camino y avanzar por él."

11:11

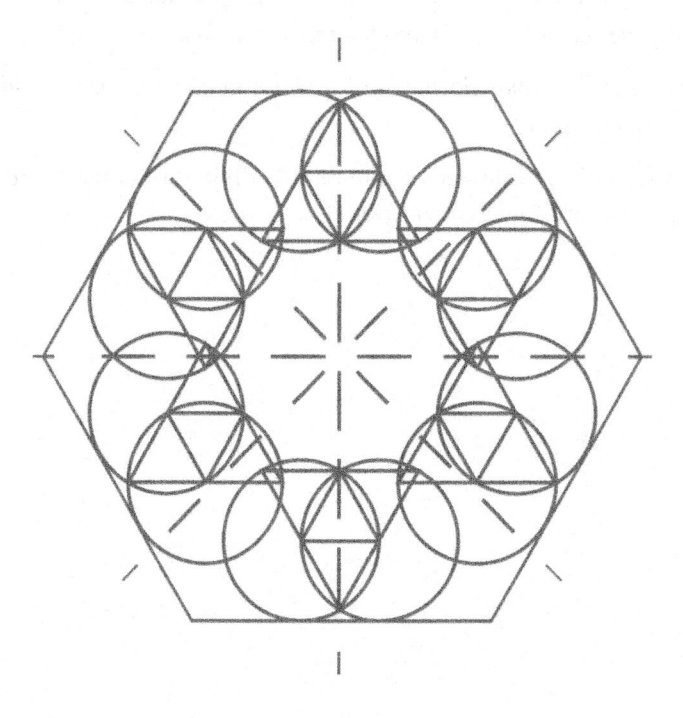

Mensaje de Jeremiel

Tengo un mensaje para TI, haz revisión de tu vida, momento de tomar la decisión de cambiar o solucionar aquello que no está en armonía.

Toma aliento y valor, revisar el pasado no es sencillo, si bien hazlo con amor y compasión ya que solo así aparecerá ante ti el mensaje de aprendizaje y de crecimiento que la divinidad ha traído a tu camino para mejorar aquello que te preocupa.

Mi luz te va a reconfortar, la divinidad y el entendimiento van a disolver las confusiones que pudieras tener, sobre todo si te preocupa el futuro.

Acepta el cambio, no hay luz sin oscuridad.

El nombre de Jeremiel significa "Dios es misericordioso " y "el orden de la divinidad"

Jeremiel es el Arcángel que representa el pasado, los procesos kármicos y la clarividencia, sus dones nos ayudan a conocernos a nosotros mismos y comenzar el viaje del reencuentro con el yo.

> El ángel de la Misericordia, el que nos ayuda cuando debemos cerrar ciclos, el ángel de la Esperanza.

Nos ayuda a considerar nuestras circunstancias actuales, la historia personal de esta vida y de vidas pasadas, nos permite aprender de nuestros errores para adquirir mayor sabiduría.

Halo de luz: naranja y dorado

Color: purpura o morado

Piedra: amatista

Chakra: 3 ojo

Nos ayuda a sentir y expresar nuestros sentimientos, muy útil cuando se trata de hacer revisiones de nuestra vida pasada y presente para así continuar por el camino correcto en adelante.

Cuida a las almas que esperan el Juicio final y deben reencarnarse con el fin de crecer y ascender a la luz.

> Entre sus dones más preciados está el don de "ver", las visiones verdaderas; pedir claridad mental para descubrir que da origen en este momento a tus emociones, especialmente a las que te hacen sentir molesto.

Jeremiel sostiene una antorcha que representa la sabiduría y la iluminación, el halo naranja y dorado representa la intuición y la pasión.

Ejercicio Angélico con Jeremiel

Vela de color morado.

Cristales; citrino, lapislázuli, piedra lunar, cuarzo rosa, amatista.

Eucalipto en aroma y también puedes poner algunas hojas, aclara el camino para recordar vidas pasadas y regenera el corazón al amor universal.

Si es en aceite esencial unge las velas: pon unas gotas en tus manos y acaricia la vela con el aceite hasta que esté impregnada, pon la intención y atención plena cuando lo hagas.

Clave de canalización

Enciende la vela de color morado y al lado coloca el cristal que hayas elegido.

Realiza la respiración conectiva y abre tus manos hacia el cielo, con las palmas hacia arriba como si solicitaras una bendición, repite 3 veces la invocación.

> Cierra los ojos y concentra tu intención en el sexto chakra, el del entrecejo o la intuición, imagina una luz morada que penetra a través del él expandiendo tu conocimiento, una luz que entra directamente.

> Concentra la luz en esa zona y permite que se expanda hacia el chakra corona y también el chakra garganta, deja que fluya por donde desee, simplemente no la dirijas

Esta conexión puede ser larga, simplemente déjate llevar ya que es posible que recibas mensajes de vidas pasadas o recuerdos de esta que has olvidado y que son importantes para el camino que debes tomar en este momento.

Invocación a Jeremiel

"Amado Jeremiel, gracias por tu luz, por iluminar mi intuición y dar presencia a mis recuerdos para poder hacer balance de mi vida en la luz del amor y la compasión.

> *Que la luz que me envías me permita acceder al mensaje que debo de conocer con el fin de hacer los cambios necesarios en mi vida, aquellos que la Divinidad sabe que van a ser buenos para mí y para los que me rodean.*

Ilumina mi camino, permite que lo aprendido tiempo atrás, forme parte de mi nueva inspiración en sintonía con la Divinidad.

> *Concédeme el perdón para ser capaz de perdonarme a mí mismo y a los demás, sentirme en la auténtica libertad personal.*

Gracias te doy amado Jeremiel por interceder ante la divinidad otorgándome esta luz necesaria para poder transformar mi camino y avanzar por él.

Así es ahora y así será. (repite 3 veces)"

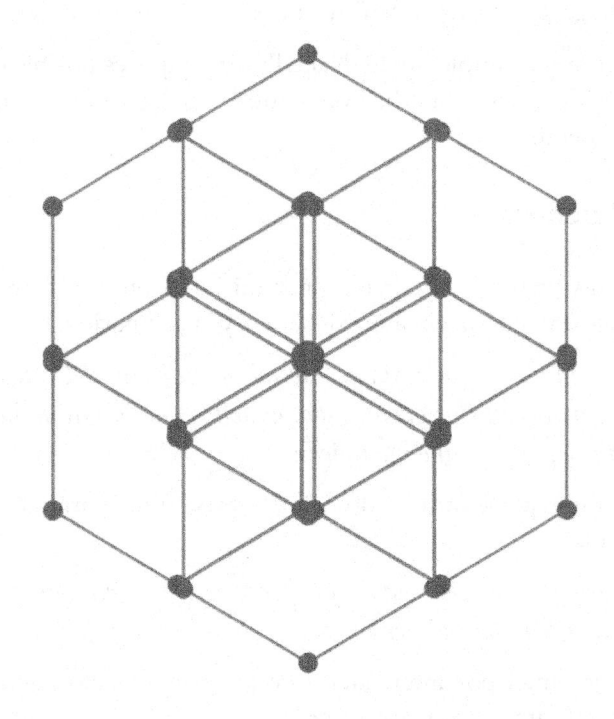

Mensaje de Raguel

En este momento existe algún tipo de conflicto a tu alrededor que debe ser solucionado.

ACEPTA, no solo tu situación sino a TI MISMO, en esa aceptación de que cada uno de nosotros somos diferentes, seres individuales en la luz, solo en esa consciencia llegará la auténtica reconciliación.

No maltrates a nadie con tu indiferencia ni con tus obras, los problemas en las relaciones han de ser solucionados de forma pacífica y justa.

NO permitas que te aten o intentes atar a otros a tu lado.

Obtén la energía necesaria en la conexión angelical para así poder continuar en los planes que has trazado, el éxito solo depende de la fuerza y constancia que ejerzas en el camino, **eres un ser de LUZ.**

El nombre de Raguel significa "amigo de la divinidad", "ángel del orden" conocido como Rasuil.

Entre sus dones está la virtud de ayudar en todo tipo de relaciones, especialmente en las de amistad, pone armonía y paz, es el ángel de la Justicia y la Imparcialidad.

> Ayuda a eliminar los conflictos de cualquier tipo, hace que aceptemos a los demás como son e incluso a nosotros mismos, ya que todos somos diferentes y debemos admitir esa originalidad.

Su misión principal en la corte angélica es que todos trabajen en equipo de forma armoniosa y ordenada, conforme a la voluntad de la Divinidad.

Su gran poder es la capacidad de traer armonía y paz a cualquier tipo de relación, amorosa, familiar, laboral, amigos, sociedad.

Chakra: garganta

Color: azul o blanco

Piedra: ojo de tigre y cuarzo blanco

Se considera un ángel de frío y no le gusta el fuego.

> Entre sus dones también se encuentra la capacidad de darte energía cuando has caído y necesitas impulso para continuar avanzando, te aporta motivación y entusiasmo.

Es el mediador en las peleas y siempre aparece en defensa de las personas que son maltratadas de forma injusta. Suele representarse con una trompeta.

Ejercicio Angélico con Raguel

Vela blanca, azul o plateada, el azul es el color que hace referencia a la justicia.

> Como es un ángel de frío, puedes sustituir las velas directamente por un cuenco con agua fría o helada y colocarlo en el centro.

Utiliza 5 piezas pequeñas de cristal, pueden ser; cristal de roca, amazonita, ojo de tigre, malaquita o cuarzo blanco, coloca delante de la imagen del ángel en forma de círculo.

Flores con colores violeta, ramitas de menta, tomillo, raíz de jengibre.

Aromas; saúco, sauce, tomillo, salvia, menta, violeta, café, romero.

Clave de canalización

Toma en tus manos las ramitas de menta o romero, realiza la respiración conectiva, ahora haz tu invocación y repite 3 veces.

Cierra los ojos y concentra tu intención en el primer chakra, imagina una luz de energía blanca y dorada que lo envuelve, gira como si fuera una rueda y lo limpia, haciendo así que comience a brillar el color rojo que rige este chakra, sentirás una sensación algo fría.

Ahora la luz irá pasando por todos y cada uno de los Chakras, cada uno de ellos irá cambiando de color en función del que lo representa, terminaremos en el chakra corona.

Siente la luz de energía blanca que recorre tu columna arriba y abajo en cada inspiración y expiración, permite que se concentre en la zona de tu cuerpo que ella elija, no juzgues ni dirijas a partir de ese momento.

Invocación a Raguel

"Amado Raguel, gracias te doy por permitirme armonizar mis relaciones, ayudándome a través del amor incondicional y la compasión, en la búsqueda del equilibrio y la armonía.

Sana las relaciones que hay en mi vida, ayúdame y ayuda a mis relaciones a olvidar y perdonar con el ejercicio de la compasión.

Guíame en mi compromiso de hacer lo correcto, a ser la fuerza para el mundo, a ser parte de la luz que permite la conexión y la unidad, para así hacer entre todos un mundo mejor.

Gracias te doy amado Raguel por darme la energía necesaria para ayudarme, acepto recibir la luz de la divinidad y los mensajes reveladores que ella considere necesarios para mi camino, siempre en la Gracia Divina y de la mejor manera."

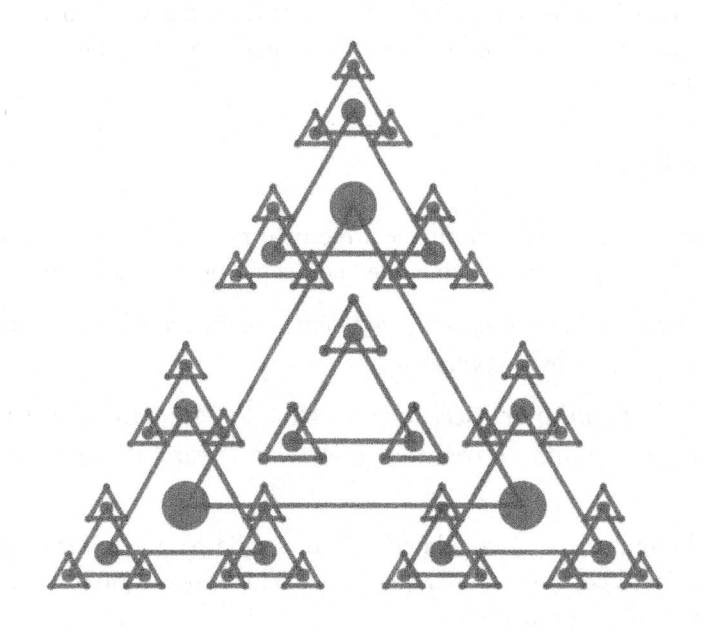

Mensaje de Azrael

Estás en un momento de transición importante en tu VIDA.

Ha habido una gran pérdida en tu vida, una transición en tu camino que hace que te hayas tenido que despedir de cosas, situaciones o personas amadas.

> *Pronto dejarás la soledad atrás, toma de mi luz consuelo y apoyo, acepta la ayuda de las personas que están a tu alrededor. A veces el camino compartido es más sencillo y el trabajo en equipo desde la individualidad de uno mismo es garantía de éxito.*

Estos cambios transcendentales van acompañados de sufrimiento y de renuncia, son los **pasos necesarios que acompañan al desapego, permite soltar y dejar ir para así vencer los obstáculos**, para así despertar a un NUEVO CRECIMIENTO en la luz y el amor.

El nombre de Azrael significa "aquel a quien Dios ayuda".

El Ángel de la Muerte es el encargado de recibir las almas de los fallecidos y acompañarlas hasta el momento del juicio, también se habla de él como el Arcángel del Espíritu o el ángel de la Ley.

Este Ángel procede de las tradiciones judía y musulmana, se dice que fue quien tomó la tierra con la que fue creado Adán, por eso uno de sus dones es el de plasmar el alma en la materia.

Este ángel representa el límite entre la vida y la muerte, la luz y la oscuridad, lo material y lo espiritual, su principal don es equilibrar las energías y los pensamientos opuestos de forma que podamos orientarnos y así disipar la confusión.

Color amarillo

Chakra: corazón

Elemento: aire

Rayo de luz: Blanco

Trabaja en el segundo rayo que es el encargado de trasmitir sabiduría y amor.

Cuando hablamos de MUERTE, hablamos de TRANSFORMACIÓN

Azrael es quien hace que los acontecimientos que están predestinados a cada humano para crecer ocurran, él nos acompaña en la transición ayudándonos a aceptar los designios del destino.

Nos ofrece compasión y sabiduría, consuelo sobre todo en momentos de dolor y pena, energía curativa de consuelo apoyo y amor.

Suele representarse con una espada y también con un manto oscuro con capucha.

Ejercicio Angélico con Azrael

Velas color amarillo o blanco, también plateado, número ideal 4.

Cristales; calcita amarilla, ámbar, Heliodoro, ágata amarillo y ojo de tigre.

Es muy recomendable utilizar incienso con este ángel, así como iniciar la invocación con un elemento de sonido como puede ser una campana o similar.

Aromas; eucalipto, sándalo, incienso base, hierba limonera, hinojo, cardamomo y naranja.

Clave de canalización

Coloca cuatro velas de color amarillo formando un cuadrado a tu alrededor en el suelo, debes sentarte dentro del conjunto.

Enciende incienso, dale gracias por ascender hasta la divinidad y trasmitir tu mensaje.

Toca 3 veces la campana, comienza por la respiración conectiva, toca de nuevo 3 veces la campana, recita la invocación de Azrael 3 veces.

> Visualiza una columna de luz blanca encima de ti, como una nube amplia que gira sobre ella misma de forma tranquila.

> Atrae hacia ti la columna de luz blanca y permite que acceda a través de tu chakra corona, siente como poco a poco penetra la luz sanadora en ti, en cada inspiración va pasando un poco más desde tu chakra corona por toda tu columna vertebral.

Con la respiración la vas expandiendo por tu sistema nervioso, tronco, brazos hasta la punta de los dedos, piernas, pies.

Siente la sensación de frescura, la limpieza profunda y la calma que aporta, la paz que te llena por completo.

> *Eres uno con la columna de energía, con ella formas una gran figura similar a una pirámide en la cual te encuentras dentro, en el centro, recibiendo todos los dones y mensajes que necesitas.*

Invoca de nuevo para que interceda ante la divinidad para ayudarte en tu transición.

Invocación a Azrael

"Amado Azrael, gracias te doy las por la protección y el consuelo que me llega de ti, acepto tu luz sanadora para esta transición que debo realizar, siempre en la gracia de la divinidad y de la mejor manera.

> *Confórtame ahora y eleva mi corazón por encima de los obstáculos terrenales, que mi luz se una con la tuya para ver las bendiciones y cosas buenas que todo lo que está ocurriendo tiene para mí.*

Gracias te doy amado Azrael por estar cerca y conectarme con los que más amo.

Yo soy uno contigo en la Luz de la Divinidad. YO SOY LUZ"

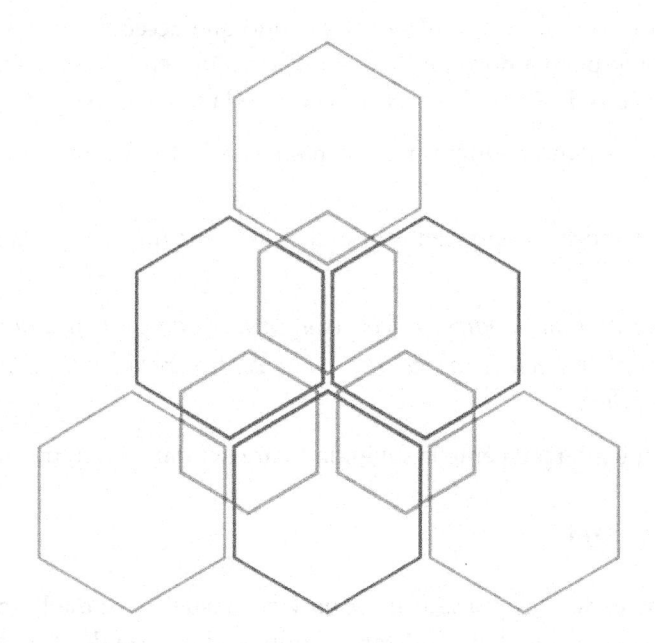

Mensaje de Jehudiel

Alrededor de tu vida están presentes las envidias y los celos, también los chismes maliciosos y la opinión de los demás, tiene un fuerte peso sobre ti.

Pueden darse dos opciones, la primera que seas víctima de personas obsesivas, llenas de envidias y celos, la energía de Jehudiel va a protegerte a partir de este momento.

La segunda opción es que los celos y la envidia no te dejan ver más allá y estás presionando en exceso a las personas de tu alrededor.

> *Recibe mi Luz sanadora para recuperar el valor necesario para hacer lo que sabes que es necesario hacer, entender y aceptar quién eres, para así trabajar las dificultades y la situación presente desde el polo del AMOR.*

Desde la aceptación podrás dejar de lado la opresión y el control.

El nombre de Jehudiel significa "alabanza de Dios" o "el que muestra gratitud de Dios"

Este Ángel proviene de la tradición cristiana ortodoxa, así como la judía y el libro de Enoc, es quien reparte los "premios o castigos" según los méritos que realizamos.

Jehudiel tiene entre sus dones la protección, la solidaridad y la guarda, dones básicos para protegernos en el camino.

> Nos protege sobre todo de envidias y celos, está a nuestro lado en el camino y nos sujeta cuando vamos a caer, luchando a nuestro lado contra las tentaciones.

Color: verde

Piedra: ágata

Este ángel es quien protege a todos los trabajadores y ayuda de forma especial a las personas con cargos de responsabilidad a tomar buenas decisiones.

Se representa en muchas ocasiones con un látigo en una mano y una corona en la otra simbolizando de esta forma el reparto de castigos y premios, también es habitual verlo con un corazón llameante.

Ejercicio Angélico con Jehudiel

Velas de color verde claro, número ideal 5

Aromas; rosa, fresa, nuez, ciprés, limón, mirra.

Planta: Ruda

Cristales; ágata, amatista, obsidiana negra, angelita, lapislázuli.

Dibujo o imagen de un pentáculo, puedes imprimir la imagen o bien dibujarlo en un papel en blanco en color amarillo, si lo haces de forma personal tiene tendrá mucho más poder.

Si eliges un aroma en aceite esencial unge las velas, pon unas gotas en tus manos y acaricia las velas con el aceite hasta que estén impregnadas, pon la intención y atención plena cuando lo hagas.

Clave de canalización

Siéntate en un lugar tranquilo, coloca delante de ti el dibujo que representa el pentáculo, la imagen del ángel y en el lado izquierdo un vaso de cristal trasparente con agua y al derecho una vela blanca o verde.

Comienza con la respiración conectiva, recita 3 veces la invocación al ángel.

Cierra los ojos y concentra tu intención en el pentáculo, dibuja el trazo en tu mente imaginando una luz dorada, trasporta luego la misma visualización del dibujo a tu plexo solar, coloca tu mano sobre este chakra.

Agradece siempre al Ángel los dones y mensajes que vas a recibir.

Recita 3 veces la invocación del ángel.

Cuando termines no bebas el vaso de agua debes tirarlo directamente al inodoro, tampoco riegues con él las plantas, es el encargado de recoger las malas vibraciones. Friega el vaso con normalidad y ya puedes usarlo.

Invocación a Jehudiel

"Amado Jehudiel, conecto en tu luz y en la Divinidad junto con tus hermanos angelicales y seres de luz, que tu luz sanadora traiga a mí el amor incondicional y la protección necesaria.

Elimina de mi corazón cualquier negatividad que pueda existir y llénalo con tu infinita luz que proviene de la misericordia de lo divino.

Que tu luz protectora sea mi escudo y el de las personas a las que amo.

Que la luz de la VIDA se eleve como una fuente de energía dentro de mí y haga crecer todo lo bueno en mi interior y a mi alrededor, allí donde mis palabras dan forma y vida al verdadero amor incondicional, a la esencia pura de la energía y la Divinidad.

Gracias te doy amado Jehudiel por tu ayuda y protección en mi camino, que llegue todo lo perfecto que la divinidad ha creado para mí, en su gracia y de la mejor manera posible."

Mensaje de Cassiel

Este momento es clave, necesitas silencio interior para descubrir cómo mejorar la situación y trazar el nuevo camino.

Estás apegado a cosas materiales que te están esclavizando y haciendo que no puedas superar la situación actual, es necesario decir adiós a aquellas cosas a las que te estás aferrando.

Cassiel te va a ayudar a realizar este tránsito, **permitiendo trasmutar tus energías negativas en positivas y construir una nueva forma de relacionarte con la vida.**

El nombre de Cassiel significa "la clausura divina" y "velocidad divina", ya que una de sus misiones es traer y manifestar respuestas rápidas.

Este ángel puede ser el anuncio de la pérdida de alguien querido o bien un mensaje de alguien que partió hace mucho tiempo y no permitimos que marche, trae un mensaje y es anunciar el feliz tránsito de esa persona en su camino de luz hacia la Divinidad.

Cassiel fue un Ángel que vivió entre los humanos, se marchó voluntariamente de la humanidad convirtiéndose en el Ángel del silencio, la divinidad le otorga la capacidad de observar, si bien le pide que no intervenga de forma directa, por lo que siempre lo hace al final de nuestra vida.

Cassiel entiende que hay finales terrenales y finales espirituales, por lo que una de sus misiones es ayudarnos a cerrar ciclos, sobre todo en lo que concierne al perdón y el despego de personas y cosas, llenando de energía positiva los espacios que han de ser ocupados.

Este Arcángel interviene siempre en el final de la vida de cada uno de nosotros, nos ayuda a realizar el tránsito permitiendo trabajar el desapego de la vida material, Cassiel es quien domina todos los seres de luz que viven entre las piedras y los cristales.

Entre sus dones está el silencio, el abandono y el final de las cosas, disolver los karmas difíciles, dones imprescindibles para dejar de depender de todo aquello que nos esclaviza.

Cassiel nos ayuda a transformar las energías negativas en positivas y nos permite construir con ellas, se invoca especialmente para acceder al silencio interior.

Color: blanco

Todos los Chakras

Planeta; La Luna

El Arcángel Cassiel se asocia con el plomo, el ónix negro y los colores grises oscuros y el marrón.

Cassiel es el príncipe de los Ángeles Poderes, nos ayuda de forma expresa a luchar contra la adversidad, nos libera de las deudas tanto terrenales como kármicas, nos aporta seguridad y nos da la capacidad de ser independientes.

Ejercicio Angélico con Cassiel

Velas de color gris, negro o plateado, número ideal 6.

Cristales: ónix negro, plomo, piedra de luna.

Aromas: enebro, bergamota, naranja, rosa, mandarina y sándalo.

Flores: dama de noche, jazmín, rosas blancas, gardenia, geranio blanco.

Dibuja una luna con un simple bolígrafo o rotulador, negro si es posible, en el dorso de la mano derecha o tu mano dominante.

Si queremos trabajar el cierre de ciclo deberíamos utilizar un día que corresponda al final del ciclo de la luna menguante, no es necesario hacerlo por la noche ya que la luna está en ese ciclo también durante el día, aunque no siempre la podamos ver.

Clave de canalización

Siéntate en un lugar tranquilo y coloca a tu alrededor en el suelo 6 velas de color plateado formado de círculo, debes colocarte dentro de él junto con la imagen del ángel y un cristal de ónix, enciende incienso y comienza con la respiración conectiva.

Esparce flores de jazmín a tu alrededor y realiza de nuevo la respiración conectiva.

Recita la invocación 3 veces.

> Cierra los ojos y concentra tu intención en la respiración, siente como a tu alrededor se ha generado una luz blanca cálida y muy luminosa que te envuelve al completo.

En cada inspiración inhala la luz blanca llevándola a través de tu interior y permitiendo que salga en cada exhalación llevando la energía negativa que haya en tu interior, en cada exhalación te liberarás de los malos pensamientos, emociones negativas, etc.

Pide al Ángel que interceda ante lo divino para ayudarte en el desapego, disfruta del silencio que has creado a tu alrededor.

Invocación a Cassiel

"Amado Ángel Cassiel, te pido me ilumines con la fuerza y el poder de tu silencio para que mi ser pueda recibir el mensaje que procede de la energía divina.

Ayúdame con tu infinita compasión a liberarme de aquellos bienes, personas o situaciones que me atan y no me permiten continuar mi camino.

Eleva mis frecuencias a niveles más altos, que la divinidad encienda en mí el conocimiento para que vea mi verdadera energía espiritual, haz que la rueda gire en su avance para cerrar definitivamente esta etapa.

Gracias te doy amado Cassiel por tu intercesión y tu infinito amor."

Sanación con los Rayos de Luz

Si te gustan los temas relacionados con la energía y la sanación estoy segura de que has oído hablar de los rayos de luz o energía y por supuesto, del **sistema energético de Chakras.**

7 de los Arcángeles principales se asocian con los 7 rayos de la iluminación espiritual, estos referencian a los 7 colores del arco iris y estos a su vez tienen relación con los 7 Chakras principales.

777

El 7 es uno de los números mágicos relacionados con lo espiritual y la metafísica, rige los misterios ocultos, la clarividencia y es el número místico por naturaleza, **un número poderoso en casi todos los cultos y tradiciones.**

En relación a los rayos de luz y los Arcángeles existen dos Ángeles con sus correspondientes rayos de luz según la corriente que sigas, herética o metafísica, se consideran o no principales, hablamos en este caso de Miguel y el rayo de luz azul, que para los seguidores de Saint Germain es blanca y Metatrón que en la otra corriente es a quien correspondería ese rayo de luz blanca.

Por mi parte, voy a seguir la corriente más relacionada con la energía y la esencia más pura angelical y alejarme un tanto de la línea Saint Germain, por tanto, **trabajaremos Miguel con el rayo de luz azul y Metatrón con el rayo de luz blanca.**

El sistema de Chakras es muy amplio y completo, además de los conocidos 7 hay Chakras que se encuentran fuera del propio cuerpo, que están por encima de nuestra primera línea del aura, estos Chakras tienen su propio color de sanación y sus ángeles, corresponden a los rayos blanco, rosa, turquesa y lila.

La gran cantidad de colores que nos ofrece la naturaleza, fuera de los que vamos a trabajar en este capítulo, son regidos por Sandalfón, que es quien se encarga de sanar a la tierra y sus habitantes, siendo además un excelente guía y apoyo para las personas que sanan.

Puedes trabajar cualquier color con este ángel utilizando para ello las referencias del trabajo angélico.

Ángeles y colores

Ángeles o seres de luz, si la luz es una de las cualidades de estos seres iluminados y llenos de amor está claro que tienen que estar relacionados con la luz y ya no solo como una expresión metafórica sino como algo literal.

Cada Ángel tiene asignado un **rayo de luz para ayudar a evolucionar al ser humano**, a cada uno de nosotros, en el camino a la sanción espiritual, mental y física.

Los colores son parte de muchas terapias de sanación y si nos vamos al terreno diríamos más práctico y que se aleja bastante de lo esotérico o místico, nos encontraríamos de lleno con la **cromoterapia y todo lo que significan los colores**.

¿Qué nos trasmiten los colores, cómo nos afectan en nuestro día a día?, podemos hablar incluso de cómo unos colores u otros hacen que nuestra web, nuestros productos sean mejor apreciados o no por nuestros seguidores, **los colores son puro MARKETING**, son parte de nuestra vida, la transforman y mucho más de lo que nos imaginamos.

Los colores a nivel feng shui cambian el ambiente, nos ayudan a equilibrar y armonizar el espacio; **el color de la ropa que nos ponemos cada día** puede hacer que nos sintamos de diferentes formar, estar en una estancia con unos colores u otros nos sube o nos baja el ánimo, incluso nos puede generar estrés y ansiedad o bien respirar profundamente y llenarnos de bienestar.

Hay 7 rayos de luz, cada uno de ellos es dirigido por un Ángel, estos rayos de luz poseen diversas características, cualidades vitales para la sanación, ya sea espiritual, mental o física.

Para canalizar esta energía sanadora utilizamos la **conexión angelical especialmente a través de la meditación y la canalización angelical**.

Al igual que estos seres de luz están a nuestro lado, diríamos que también somos influenciados en nuestra vida a través de sus Rayos de Luz, en ellos recibimos lo que necesitamos para cumplir nuestro propósito en esta vida, ayudándonos de alguna manera a alcanzar las cualidades que ese rayo posee.

Cada llama o rayo de luz contiene una serie de aspectos y virtudes, afectando a los diferentes aspectos físicos, mentales y espirituales sobre los que actúa de forma más concreta.

"La luz no es blanca, pues el color blanco está en todos los colores, lo que hace que se vea blanca, es la acción vibratoria.

Al igual que el hombre crea sus circunstancias de acuerdo a sus respuestas psicológicas, el logos, dios, creo su universo a través de los siete aspectos psicológicos, o siete formas de respuesta o manifestación."

Los 7 rayos son los 7 aspectos psicológicos de la deidad y conforman lo que en el hombre llamamos conciencia, los rayos de luz contienen y expresan todas las energías que circulan a través de nuestra forma planetaria.

Así como la luz se divide en 7 colores, el fuego solar de la divinidad se divide en 7 rayos que llenan de colorido todo el universo.

Los 7 canales a través de los cuales fluye todo lo que existe en el sistema solar, las 7 características predominantes o modificaciones de la vida, que no solo se aplican a la humanidad sino a todos los reinos.

> El rayo cósmico del cual proceden los 7 rayos, el rayo cósmico del AMOR y la SABIDURÍA, por eso la base de nuestro sistema solar se denomina el sistema del Amor o el Universo del AMOR.

¿Cómo trabajar con los rayos de luz?

Cuando canalizas y conectas mediante la meditación con cada color a través de su Ángel portador, **estás trabajando el área de tu vida que corresponde a la energía de ese Rayo de Luz**, recibes por lo tanto la energía sanadora que emana y de forma específica a través de tus centros de energía, los Chakras.

No se trata de buscar una sanación física y curar enfermedades como tal, ese tipo de sanación es **parte del proceso de trasmutación de nuestro cuerpo.**

Responsabilizarnos al 100%, creer o no en que nuestras emociones y sentimientos nos hacen enfermar, implica igualmente que al modificarlas nos puede hacer sanar.

> *Debemos ver la sanación holística como ese trabajo interior enfocado al desarrollo personal y transformación.*

> *Cambio, trasmutación de emociones y actitudes que lógicamente cambiarán si creemos en el sistema de la energía nuestro propio cuerpo, si así lo aceptamos, cambiamos nuestra propia vibración.*

> *Cuando se habla de alcanzar la luz realmente se traduce en la capacidad de subir en los niveles de la energía, elevar nuestro nivel vibracional.*

Convertirte en lo que llaman un "ser de luz", si bajamos al mundo real lo llamaríamos trabajar a nivel interior, este proceso personal te ofrece **desarrollarte y crecer de forma que vibres en los niveles superiores, ser capaz de entender cómo funciona la energía y como hacer que trabaje a tu favor**

> Cuando sanas TÚ, sana el mundo a tu alrededor.

Canalizar energía

Si has oído hablar de REIKI, es posible que te hayan dicho que no puedes canalizar energía a menos que te formes con un maestro con linaje y este realice la apertura de tus Chakras, luego comienza un proceso en el que para poder ir manejando la energía a nivel sanación debes pasar por varios niveles con iniciaciones y maestros.

Sin entrar a discutir este punto en este libro, ya que prometo hacer un manual de REIKI completo para AUTO INICIACIÓN, por ahora simplemente te diré:

TODOS somos capaces de canalizar energía.

¿Entonces se canalizar energía? El reiki es conocido en cierta medida como la "imposición de manos", una de las personas que la realiza es el mismísimo Jesús, solo tienes que leer cualquier capítulo en el que sana a una persona al colocar sus manos sobre ella.

Tú también utilizas de forma habitual tu energía para sanar. ¿Tienes hijos?, si es así es posible que alguna vez hayan estado malitos o se hayan caído haciéndose daño. **¿Qué hace la madre o el padre de forma intuitiva?**, si le duele el brazo porque se ha hecho daño tiende a colocar su mano sobre el brazo de forma delicada para confortarlo.

Está canalizando energía buena para su curación.

Cuando haces la comida para las personas que amas, de buen grado y pensando con amor en lo que haces, **le estás dando también energía a la comida y además, de la buena.**

Por cierto, también puedes canalizar energía de la mala, cuando haces la comida de mala manera y sin querer hacerlo, en este caso suele tener poco sabor, peor aspecto y posibilidades de que no le siente bien a la mayoría.

¿Energía buena o mala? La energía es neutra, tú decides el polo.

¿Quieres sentir cómo canalizas energía? Para que puedas sentir ahora mismo como canalizas energía, coloca tus manos semi abiertas, delante de ti, las palmas una enfrente de la otra, deja un pequeño espacio entre ellas.

Realiza algunas respiraciones abdominales simplemente centrando tu atención en la respiración...pon tu atención en el centro de las palmas de tus manos, hay un pequeño espacio por el cual sale un hilo conductor que se une con el hilo conductor de la otra mano, siente como tus manos quieren unirse.

Intenta separar ligeramente las manos, observa que hay una pequeña resistencia, como unos hilos que unen ambas palmas... podríamos decir que **estas sintiendo las líneas de la energía canalizando en tus manos.**

Los sistemas REIKI, que hay muchos, te ofrecen la opción de practicar, tener un método y sobre todo de usar símbolos, cristales y protocolos en el manejo de la energía, muy necesario para las personas que necesitan guiarse por ello, si trabajas desde el respeto puedes hacerlo por ti misma también.

¿Cómo aprender a manejar correctamente la canalización de energía?

Ya sabías canalizar energía, es más, lo haces todos los días, así que toca recordar para hacerlo de forma consciente. ¿Sabes cómo? Practicando, experimentando, practicando, experimentando, practicando...

Para comenzar a trabajar con la sanación angelical y los rayos de luz debemos comenzar por conocer cuál es el sistema energético básico, lo que se conoce como Chakras y su función, vamos a verlos de forma breve.

Los Chakras.

¿Cómo se mueve la energía? Existen dos modelos que lo explican.

Una sería **las ruedas de energía llamadas Chakras**, procedentes de la tradición hindú, y la otra los **meridianos o canales energéticos que circulan por nuestro cuerpo**, como si de un sistema nervioso se tratara, que forma parte de la medicina tradicional china (MTC).

Nosotros vamos a trabajar con la primera, existen por lo tanto 7 Chakras repartidos a lo largo del cuerpo, discurren de alguna manera en línea con nuestra columna vertebral.

> Los Chakras son ruedas de energía que hacen que la energía fluya por nuestro organismo, no solo desde un punto de vista físico, sino también a niveles más sutiles, como es el aura.

Cada chakra tiene unas características propias, color, elemento, número, dibujo geométrico o símbolo, nota musical, vibración, etc. cada uno de ellos está vinculados a determinados órganos y glándulas del cuerpo, a su vez también están relacionado con emociones, procesos mentales, espirituales y bloqueos.

> Cuando estas ruedas de energía no funcionan correctamente, bien porque se bloquean o van demasiado deprisa, se producen desajustes que nos puede llevar a enfermar.

Los Chakras más utilizados son 7 y se denominan superiores, en un plano astral más amplio tenemos algunos más, el 8 que está por debajo del chakra raíz y del 9 al 12 que están por encima del chakra corona.

Luego a nivel inferior y localizados en nuestro cuerpo están los Chakras secundarios que están repartidos en lugares estratégicos a nivel físico, especialmente relacionados con terminaciones nerviosas que conectan con determinados órganos.

Vamos a ver una breve descripción de cada uno de los 7 Chakras principales:

1 Chakra. Raíz. Muladhara

Se encuentra ubicado en la base de la columna vertebral, en el lugar conocido por perineo, el punto localizado entre el ano y los órganos sexuales, por encima de los testículos en los hombres y en el interior de la vagina en las mujeres.

Color: rojo.

Está relacionado con la supervivencia básica del hombre, la energía física y el deseo de vivir la realidad.

Nos permite enraizarnos con la energía de la tierra, canaliza la energía de la tierra en sentido ascendente desde los pies.

Un exceso de energía en este chakra puede indicar miedo a que nos hagan daño físico o psicológico, en sentido contrario si es deficitario de energía, indica inseguridad o falta de voluntad para realizar nuestro camino en esta vida, sentimos amenazada nuestra supervivencia.

En desequilibrio se relaciona en ocasiones con el acto de comer compulsivamente o la acumulación de cosas, el desorden.

El deseo sexual también está directamente relacionado con este chakra ya sea por exceso o por defecto de apetencia sexual, su equilibrio nos permite tener una sexualidad plena y satisfactoria en unión del chakra sacro.

El sistema reproductor, el linfático, el óseo (dientes y huesos) el sacro, la vejiga y el sistema de evacuación, así como las extremidades inferiores están unidos a él.

El olfato es el sentido que está relacionado también con este chakra, ya que es parte de nuestros instintos más básicos de supervivencia.

2 Chakra. Sacro. Svadhisthana

Si el anterior está relacionado con la supervivencia, esté demanda los placeres de la vida.

Es el centro de nuestra sexualidad ya que sube de la parte física hacia el cerebro, que va mucho más allá de la simple procreación.

Se encuentra ubicado por debajo del ombligo, en los órganos sexuales.

Relacionado con las emociones originales, la fuerza creativa y las relaciones sobre todo con el otro sexo, permite asimilar los instintos básicos y disfrutar de ellos.

Color: Naranja

Las personas con exceso de energía en este centro pueden tener desórdenes de tipo sexual, alimenticios, adicciones; en el otro extremo cuando hay falta de energía podemos encontrar hipersensibilidad o timidez.

Afecta al sistema reproductor, los órganos sexuales y el plexo lumbar. Está relacionado con el sentido del gusto, el apetito por lo que afecta a nuestra relación tanto con la comida como con el sexo.

Interviene en la comunicación del cuerpo físico con el ser interior, la conexión entre lo que el cuerpo quiere y necesita y lo que encuentra placentero, bloquea las emociones que acompañan al disfrute físico.

Está asociado al elemento agua, ya que el agua es un reflejo de nuestra relación con la conciencia. Interviene en la voluntad, en el proceso de aceptar sentir emociones.

3 Chakra. Plexo Solar. Manipura

Ubicado entre el ombligo y el esternón, en este centro energético se realiza la alquimia necesaria para el mantenimiento de la vida, generando energía a través de los alimentos, es el centro de la digestión y la respiración.

Está relacionado con nuestros pensamientos por lo que es bastante habitual tenerlo desequilibrado, debido a la cantidad de emociones a las que estamos sometidos, es donde se concentra el miedo.

Color: Amarillo

Suele reaccionar ante el miedo cerrándose, un exceso de energía puede indicar una persona exigente y adicta al trabajo, en cambio una falta de energía se relaciona con personas inseguras o con poca confianza personal.

Nuestro poder personal, la propia opinión surge de esta rueda de energía para luego combinarse con el resto del sistema energético, afectando de esta forma a nuestra capacidad de comunicación y a nuestro desarrollo personal.

Afecta al sistema muscular, la piel, el plexo solar, el intestino grueso, el estómago, el hígado y los órganos, así como las glándulas situadas en ese nivel.

Los nervios y el estrés, los cambios drásticos a cualquier nivel, hacen reaccionar este chakra por lo que desbloquearlo y darle energía de regeneración alivia mucho estos síntomas tan habituales en nuestro mundo moderno.

Al ser la imagen de nosotros que mostramos al mundo, se relaciona con los ojos, la vista y el rostro.

4 Chakra. Corazón. Anahata

Está situado a la altura del pecho, en el centro, lo que se conoce como la glándula Timo. Se sitúa justo en medio del sistema de Chakras, es la unión entre los Chakras terrenales (raíz, sacro y plexo solar) y los más espirituales (coronario, tercer ojo y garganta).

Está relacionado con el amor incondicional, la capacidad de dar amor sin esperar nada cambio, la compasión.

Color verde

Si esta chakra no funciona bien, puede haber una desconexión entre cuerpo y espíritu.

Un exceso de energía puede hacernos inestables y dependientes del amor y afecto de los demás, una falta de energía o bloqueo suele conllevar estados de fatiga, dudas, desequilibrio y desconfianza.

Tiene una estrecha relación con el corazón, el sistema circulatorio, el plexo cardíaco, los pulmones y toda la zona del pecho, está asociado a la glándula timo que es la que controla el sistema inmunológico.

Las dificultades respiratorias o complicaciones en los pulmones indican tensión en este punto, es la zona en la que se concentra la ansiedad a nivel físico y por tanto emocional.

Se relaciona con el sentido del tacto, abrazar, tocar, besar, estas son parte de las sensaciones que afectan a este chakra.

Estas sensaciones nos sitúan en el nivel interior del otro cuerpo que estamos tocando, la sensibilidad del tacto indica la sensibilidad que poseemos en este chakra.

El amor y las relaciones, pareja, familia, hijos, amigos están en la conciencia de este chakra.

5 Chakra. Garganta. Visuddha

Se encuentra ubicado en la garganta, es el primer chakra espiritual o la puerta que nos abre a esos niveles, nos lleva a niveles superiores de comunicación diferentes a los conocidos en este plano físico, tales como la telepatía o clarividencia.

La abundancia también está relacionada con este chakra, en el sentido de recepción incondicional, es decir ACEPTAR lo que nos da el universo.

Color Azul Turquesa

Este chakra controla la garganta, cuello, brazos y manos y está asociado al plexo branquial y cervical.

Unión entre el mundo físico y espiritual, es la relación de la persona con su espacio, la imagen que proyecta a su alrededor.

La comunicación es la característica principal de este centro, la cual debe ser sincera y positiva, todos los aspectos relacionados con expresar y recibir, la expresión es comunicación, expresar lo que sentimos ya que cuando expresamos aceptamos RECIBIR.

Al estar unido a la expresión se relaciona con la fluidez de pensamiento, el sentido de individualidad e independencia y una buena parte de la seguridad espiritual.

El exceso de energía en chakra suele estar asociado a personas arrogantes, rígidas en su pensamiento, en cambio una falta de energía en personas poco fiables, manipuladoras y embaucadoras.

Las mujeres en este aspecto tendemos a tener parcialmente bloqueado este chakra ya que por nuestras creencias y naturaleza tendemos a reprimir lo que sentimos, a expresarnos con auténtica libertad.

Su falta de equilibrio puede repercutir en dolores de cuello o en la parte posterior de la cabeza, tiroides, problemas de peso, infecciones en la garganta, oído, nariz y aparato respiratorio.

Este chakra está relacionado con la creatividad, al manifestar a través de ella y expresar el cumplimiento de nuestros deseos.

6 Chakra. Tercer ojo. Ajna

Situado encima del entrecejo, el Tercer Ojo se sitúa en el centro de la frente, este chakra se abre hacia adelante, los anteriores Chakras se abren de arriba abajo en el sentido de nuestra columna vertebral.

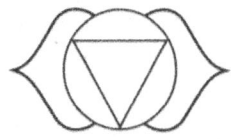

Se relaciona con la intuición, la clarividencia y las funciones superiores del cerebro. Es el conjunto de todos los sentidos internos que corresponden a los sentidos físicos externos, conocidos como percepción extrasensorial, comunicación mente a mente.

Color: Índigo, mezcla entre azul y violeta.

Nos permite conocer la verdad sobre nosotros mismos, está relacionado con los poderes psíquicos del ser humano tales como la clarividencia, la intuición o el acceso a vidas pasadas.

Un exceso de energía se relaciona con personas intransigentes en temas religiosos y su falta de energía en ciertas incapaces de distinguir entre el ego y nuestro ser, cuando está desequilibrado puede producir pensamientos desordenados, insomnio, migrañas y problemas hormonales.

Está asociado con la frente, las sienes y el plexo carótido, se asocia a la glándula pituitaria y la glándula pineal.

El elemento asociado es el sonido interior, una vibración, no es un elemento tanto físico sino como un sonido interno que no procede de ninguna fuente física, es un signo de mayor crecimiento espiritual.

7 Chakra corona. Sahasrara

Se sitúa encima de la cabeza, está asociado con la parte superior de la cabeza, el cerebro y el sistema nervioso. Es nuestra conexión con la energía del universo o de otros planos.

Color: Violeta, también blanco y dorado.

Muchas técnicas de canalización de energía se basan en trabajar la apertura de este chakra, generalmente las energías espirituales o del cosmos nos llegan a través de este centro.

La apertura de este chakra nos abre a la energía divina o universal.

Cuando el chakra corona está bloqueado experimentamos sensaciones de aislamiento y soledad, como si nos encontráramos encerrados en nosotros mismos y tuviéramos dificultad para contactar con los que están alrededor.

Los problemas mentales tienden a justificar la sensación de soledad.

Este chakra está relacionado con el equilibrio en nuestra dualidad interior; en esa, nuestra capacidad para ser parte de una consciencia universal, sentirnos una identidad propia a la vez que conectada con la energía global.

Es la combinación de la información que procede de las glándulas endocrinas en el aspecto físico con la información energética que procede de nuestro cuerpo áurico.

El elemento que le corresponde es la luz interior o luz blanca, que está en lo más profundo del ser, es como un punto de conciencia que resplandece con la inteligencia y la adquisición de conocimientos.

Los Rayos de Luz

Para trabajar de forma correcta la sanación angelical a través de los Rayos de Luz te recomiendo que lo hagas en el orden en que están indicados a continuación.

Rayo Rojo Rubí. Uriel

Rayo Naranja. Gabriel

Rayo Amarillo. Jofiel

Rayo Verde. Rafael

Rayo Azul. Miguel

Rayo Índigo. Raziel

Rayo Violeta. Zadkiel

****** NOTA IMPORTANTE *****

Los rayos de luz siguientes no deberían trabajarse nunca antes que los 7 anteriores, ya que solo equilibrando los primeros se accede a la energía de los siguientes, sería una pérdida de tiempo y en cierta medida, una posible frustración, el internar una conexión y recepción para la que no estamos preparados.

Rayo Blanco. Metatrón

Rayo Rosa. Chamuel

Rayo Turquesa. Haniel

Rayo Lila. Tsaphikiel

¿Por qué debería seguir este orden?

Sencillo, si comienzas a trabajar los Chakras relacionados con tu parte espiritual sin haber trabajado los que te unen con la parte terrenal generarás un importante desequilibrio, para desarrollarnos y crecer como personas hay que comenzar por un primer anclaje en la tierra, para así tener los pies bien apoyados para poder elevarnos.

> En muchos sistemas de sanación solo se trabaja con los Chakras superiores un claro error en la búsqueda del "viaje espiritual y chute energético de sensaciones" a cambio de un trabajo completo que te haga disfrutar al 1000 por 1000 de una vida plena y completa, esa VIDA EXTRAORDINARIA que te corresponde.

Para preparar el trabajo de meditación con los rayos de luz simplemente debes preparar tu conexión angelical con el ángel correspondiente siguiendo las mismas instrucciones que has realizado para la conexión angelical con cada uno de ellos.

En estos ángeles de forma específica hay un apartado al final de cada ángel que se refiere en exclusiva al trabajo con su Rayo de Luz.

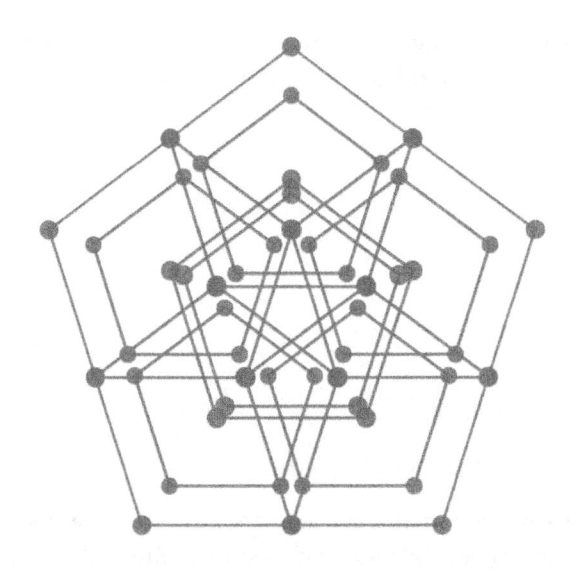

El Ángel de tu Cumpleaños

Soy una auténtica fan de los rituales, siempre tienen la **capacidad de darle la vuelta a cualquier tipo de energía** y más cuando se utiliza en días "mágicos" como es el caso del día de nuestro cumpleaños.

Todo está de alguna manera relacionado por lo que la astrología también tiene conexiones angelicales, así surge un **Ángel protector para cada signo del zodiaco** que es regente del planeta correspondiente.

> *"Tu Ángel te ayuda y te arropa con sus alas, sobre todo en los momentos en que necesitas un refuerzo, HOY te envuelve en su luz y amor. "*

Como cualquier ritual el ingrediente esencial es "creer" en lo que estás haciendo y disfrutarlo al 100 x 100, el día ideal para hacer estos rituales es el de tu cumpleaños, si bien puedes realizarlo cualquier otro día o consultar tu Ángel del día.

Inicia el ritual con las instrucciones que has visto en capítulos anteriores y puedes apoyarte comenzando por la **respiración conectiva**, puedes aprovechar para escribir un papel con tus deseos, proyectos o bien para solicitar mensajes que te ayuden a comenzar este nuevo año natural.

FELIZ CUMPLEAÑOS

Ritual para Acuario

El Ángel asignado a Acuario es Uriel, regente de Urano, estos son los materiales:
- 1 imagen de Uriel
- 1 vela morada
- 1 piedra de amatista
- Purpurina lila, rosa, púrpura.
- 1 vara de incienso de jazmín
- Plato pequeño blanco

El día de tu cumpleaños busca un lugar tranquilo, enciende el incienso de jazmín y coloca la imagen de tu Ángel, frente a él coloca el plato y en el centro la vela.

Rocía la vela con la purpurina morada y enciende con una cerilla de madera, pide a tu Ángel la serenidad, la claridad, la conciencia y prosperidad que necesitas para el nuevo año que inicias.

El don que te regala Uriel es el de la libertad, esta es la invocación:

"Amado Arcángel Uriel, te invoco en nombre de la Divinidad Infinita, envuélveme en la llama oro rubí, llena mi ser de Paz, Gracia, y Providencia.

Ayúdame a encontrar soluciones, dame sabiduría para comprender por qué suceden las cosas, abrir mi visión para ver y aceptar que son parte de mi camino.

Llena mi mundo de tu infinita paz, atrae a mí la prosperidad y abundancia divina que me corresponde. Gracias por tu luz y la intercesión con la Luz de la Divinidad, gracias por todo lo que soy y voy a recibir.

Que así sea, así será, así es ya. (repetir por 3)"

Ritual para Piscis

El Ángel de los Piscis es Tsaphikiel, **el don que te otorga es la certeza de que el amor universal de la divinidad**, siempre estará contigo y te brindará la protección en el camino, para el ritual debes encontrar;

- 1 imagen del Ángel
- 1 vela rosada
- 3 rosas de color rosa o blancas
- 1 vaso con agua
- Incienso de sándalo

También te ofrece un regalo, en este caso dos, la esperanza y la fe, esta es la invocación:

"Tu mi amado Tsaphikiel, mi protector, invoco tu presencia ante mí este día donde se inicia un nuevo ciclo en mi vida,

Que tu Luz me ayude a entender los procesos de mi día a día, a trasmutar las tristezas en alegrías, lo negativo en positivo y evolucionar mi ser espiritual hasta alcanzar la plenitud.

Que el Amor incondicional de la divinidad se manifieste plenamente en mi vida y abandone la carencia que pueda haber en ella, siento tu presencia y ayuda desde ahora.

Gracias por tu luz y la intercesión en la divinidad, gracias por todo lo que soy y voy a recibir. Que así sea, así será, así es ya. (repetir por 3)"

Cuando termines la invocación moja tus manos con el agua del vaso, marca tu frente, garganta, chakra corazón y plexo solar, puedes beber el agua sobrante o bien mojar ligeramente tus labios con ella.

Ritual para Aries

Chamuel es el ángel de los Aries, **el don que te obsequia Chamuel es el don de la autoestima.**
- 1 vela rosada
- 1 imagen del ángel.
- Pétalos de 3 rosas de color rosado
- 3 incienso de rosas
- 1 plato grande

Este ritual debes realizarlo al amanecer del día de tu cumpleaños, coloca la imagen de tu Ángel, delante el plato con la vela en el centro, alrededor de la vela esparce los pétalos de rosa.

Invoca a tu Ángel llevando las dos manos a tu corazón:

"Amado Ángel de mi guarda, trae a mi tu luz sanadora y envuélveme en ella para sentirme protegido y amparado, que tu luz me lleve a través del conocimiento y la aceptación de mí mismo.

Que el más puro Amor Incondicional me llene, me refuerce y me eleve en la unión con tu luz divina y fortalecedora, para que lleno con ella esté preparado para dar amor a los que me rodean y avanzar por el camino que me corresponde de Abundancia y Prosperidad.

Gracias por tu luz y la intercesión en la divinidad, gracias por todo lo que soy y voy a recibir. Que así sea, así será, así es ya. (repetir por 3)"

Ritual para Tauro

Haniel es el ángel que rige a los Tauro, puedes pedirle que en este año que comienza te haga ser más prudente, más valiente y te de las fuerzas para cumplir tus metas.

El don que te regala Haniel es el de la belleza, amor y paciencia, para el ritual necesitas:
- 1 estampa de Haniel
- 1 vela verde, 1 vela rosada, 1 vela marrón
- Incienso de rosa
- 1 rosa blanca, 1 rosa amarilla, 1 rosa rosada

Si estás soltero debes saber que este es el Ángel del amor por destino así que pídele que llegue a tu vida esa pareja que por mandato universal es para ti.

Realiza un triángulo con las velas, la punta hacia ti y la base al fondo, vela rosa delante y a la izquierda la verde, la marrón a la derecha, colocarás los pétalos alrededor de cada vela, en la rosa los rosas, en la verde los de la rosa amarilla y la blanca con la marrón.

En el centro del triángulo coloca la imagen del Ángel, enciende con una cerilla de madera las velas y el incienso de rosa, comienza la invocación;

> *"Amado Haniel, hoy es el inicio de otro año en esta nueva vida, intercede con tu luz sanadora ante la divinidad, que mi luz se una con la suya en un TODO, hazme uno con ella.*
>
> *A partir de hoy elijo soltar la necesidad de buscar relaciones destructivas y que me guíes en el camino de encontrar el amor verdadero.*
>
> *Que la Divinidad Infinita traiga aquí y ahora los dones que me corresponden y me impulsen para cumplir las metas que debo recorrer en mi camino.*
>
> *Gracias por tu luz y la intercesión en la divinidad, gracias por todo lo que soy y voy a recibir. Que así sea, así será, así es ya. (repetir por 3)"*

Ritual para Géminis

Rafael es el regente de los Géminis, conecta con él para llenar tu año de mucha salud y para que proteja tu hogar, el **don que te ofrece Rafael es el conocimiento.**

Vas a necesitar:
- 1 vela verde
- 1 rosa blanca
- 1 piedra de Ágata
- 1 imagen del ángel.

Coloca un altar con la estampa del Arcángel Rafael, a las 12:00 am enciende con una cerilla de madera la vela, coloca la piedra de Ágata y la rosa junto a tu Ángel.

> *"Amado Rafael, te invoco para que intercedas con tu luz sanadora ante la Divinidad Infinita a mi favor, que la llama de tu luz ilumine mi cuerpo, mi mente y mi alma.*
>
> *Que las dudas se despejen, permite que acepte lo que tenga que venir y la confianza en que la Divinidad sabe lo que tiene que hacer sea una realidad en mi mente, que la certeza y la fe se abran camino para avanzan en la luz con seguridad.*
>
> *Que la realidad se haga presente en mi mente.*
>
> *Gracias por tu luz y la intercesión ante la divinidad, gracias por todo lo que soy y voy a recibir. Que así sea, así será, así es ya. (repetir por 3)"*

Cuando se haya consumido la vela toma la piedra y llévala contigo, será tu amuleto de protección. Y no te preocupes cuando se pierda, eso únicamente significa que ha cumplido con su tarea.

Ritual para Cáncer

Gabriel es quien acompaña a los Cáncer, él **te otorga especialmente el regalo de la protección**, para el ritual necesitas:
- Una imagen Gabriel
- 1 vela morada o violeta
- Incienso de mirra

El día de tu cumpleaños coloca un altar donde pondrás la imagen del Ángel, enciende con una cerilla de madera el incienso de mirra.

Colócate de rodillas, cierra los ojos y repite esta invocación tres veces, la primera con las manos en tu estómago, la segunda con las manos en el pecho y la tercera con las manos en tu frente.

Amado Gabriel, que tu luz ilumine mi camino en este nuevo año que comienza para mí, líbrame de miedos, dame amor, otorga seguridad a mis decisiones, permite en mí la visión necesaria.

Acepto lo que soy y todos mis dones, acepto mi camino y recibir todo lo que la divinidad me da por derecho propio.

Gracias por tu luz y la intercesión en la divinidad, gracias por todo lo que soy y voy a recibir. Que así sea, así será, así es ya. (repetir por 3)"

Ritual para Leo

Miguel es el Ángel de los Leo, este es un ritual que te permitirá vivir un año con la mente clara y consciente, el **don que te da Miguel es el poder de ver el bien contra el mal**, la claridad.

Para el ritual debes buscar;
- 1 imagen del ángel
- 1 vela de color azul o 4
- 1 ramillete pequeño de flores blancas

Coloca un altar con la imagen del Ángel, las 4 velas en línea y alrededor los pétalos de las flores blancas haciendo un círculo, ahora enciende la vela con una cerilla de madera.

Mientras realizas la invocación debes mirar fijamente la luz de la llama de la vela y visualizar que aspiras por la boca su luz:

Amado Miguel, comandante de las huestes celestiales, guardián de las almas, vencedor de los espíritus rebeldes, tú que brillas con la luz de la claridad.

Tú que brillas sobre la excelencia y la virtud sobrehumana, libera mi mente, abre mi vista, dame la confianza y la protección necesaria para servir al amor universal fielmente todos los días de este nuevo año.

Gracias por tu luz y la intercesión en la divinidad, gracias por todo lo que soy y voy a recibir. Que así sea, así será, así es ya. (repetir por 3)"

Ritual para Virgo

Rafael es quien acompaña a los Virgo, te otorga el don de la curación en los distintos niveles, para el ritual necesitas:

- 1 imagen del ángel
- 1 vela blanca
- 1 incienso de manzana y 1 incienso de canela

Coloca tu altar y durante la invocación debes llevar tus dos manos al pecho, debes repetir 3 veces la invocación:

Amado Rafael haz llegar hasta mi tu luz sanadora, que la llama verde de tu sanación me alimente, me libere y sane aquello que deba sanar.

A partir de hoy elijo soltar la necesidad de buscar relaciones destructivas.

A partir de este momento elijo abandonar la carencia y vivir en la abundancia que me corresponde. A partir de este día me declaro en conexión con la luz de la divinidad y en armonía.

Gracias por tu luz y la intercesión ante la divinidad, gracias por todo lo que soy y voy a recibir. Que así sea, así será, así es ya. (repetir por 3)

Ritual para Libra

Haniel es quien acompaña los Libra, **el don que te ofrece es el del Amor más puro e incondicional.**

Para el ritual vas a necesitar:

- 1 vela roja
- 1 estampa de Ariel
- Incienso de magnolia

Enciende la vela e incienso con una cerilla de madera a las 12:00 am con la imagen encima de tu corazón y comienza la invocación:

"A ti Haniell, mi amado Ángel protector, aquí y en este momento te pido que conectes conmigo tu luz sanadora llena del amor infinito de la Divinidad.

Permite que acepte las circunstancias que me toquen vivir, entender que son parte de mi proceso hacia la felicidad, dame la fuerza necesaria para soltar ese peso que llevo sobre mis hombros y recibir todo lo que el universo tiene preparado para mi bienestar y felicidad.

Aceptar, recibir, soltar toda atadura para caminar en la auténtica libertad y en el más puro Amor Incondicional.

Gracias por tu luz y la intercesión ante la divinidad, gracias por todo lo que soy y voy a recibir.

Que así sea, así será, así es ya. (repetir por 3)"

Ritual para Escorpio

Azrael es el regente de los Escorpio, el don que te otorga es el de la intuición y la transformación. Busca los siguientes materiales:

- 1 imagen de tu Ángel
- 1 vela violeta
- 3 flores que sean moradas o violetas

Coloca un altar con la imagen y la vela, pon las flores delante y enciende con una cerilla de madera y realiza la siguiente invocación, en tu visualización siente que la luz violeta blanca entra en tu cuerpo en cada inspiración y sale todo lo que deseas trasmutar:

"Mi amado Azrael, hoy por ser día de mi cumpleaños te pido que intercedas por mi ante la divinidad, que tu luz transformadora me ayude a comprender las situaciones difíciles que se presenta, a aceptarlas y entender que solo con ellas puedo avanzar en mi camino hacia la abundancia y prosperidad, hacia la felicidad.

Envuélveme con la llama violeta y lléname de tus bendiciones, guíame y acompáñame en cada uno de mis pasos.

Gracias por tu luz y la intercesión ante la divinidad, gracias por todo lo que soy y voy a recibir.

Que así sea, así será, así es ya. (repetir por 3)"

Ritual para Sagitario

Zadkiel acompaña a los Sagitario, **el don que te otorga es la libertad y la trasmutación**, así como la abundancia de cosas y situaciones bellas. Debes localizar:
- 1 imagen del ángel
- 1 incienso de sándalo
- 1 vela azul oscuro
- 3 rosas rojas

Coloca un altar con la imagen de tu Ángel, pon a la izquierda la vela y a la derecha las rosas rojas, prende el incienso y la vela con una cerilla de madera:

> "Amado Zadkiel, que tu luz sanadora venga a mi aquí y ahora, que me envuelva en la paz, en la aceptación, en el infinito amor incondicional con la propia Divinidad.
>
> Concede que mi alma se sienta libre, que sea capaz de aceptar vivir la plenitud de cada momento de mi vida con alegría, de perdonar a quienes me causaron daño y a mí mismo.
>
> Gracias por tu luz y la intercesión ante la divinidad, gracias por todo lo que soy y voy a recibir. Que así sea, así será, así es ya. (repetir por 3)"

Permite que se consuma la vela y toma las rosas, quita los pétalos y guárdalos en tu cajón de ropa interior hasta que se sequen y deshagan.

Ritual para Capricornio

Cassiel es el Ángel de los Capricornio, **te otorga el don de la justicia y la protección**, une los mundos espiritual y material.

El día de tu cumpleaños a las 00:00 ten preparados los siguientes materiales:
- 1 imagen de Cassiel
- 1 vela blanca
- 1 vaso de agua

Coloca la estampa de tu Ángel, la vela a la izquierda y el vaso de agua a la derecha, enciende la vela de color blanco con una cerilla de madera:

> *Amado Cassiel, te invoco para que me envíes la fuerza de tu luz universal, para que pongas justicia y orden en mi vida, haz llegar a mi tu protección y libérame de toda negatividad.*

Que este nuevo año pueda comenzarlo de forma libre y sin ataduras de ningún tipo, estoy preparada para comenzar de nuevo, para aceptar mi destino y todo lo que por derecho tiene preparado para mí la Divinidad.

Gracias por tu luz y la intercesión ante la divinidad, gracias por todo lo que soy y voy a recibir. Que así sea, así será, así es ya. (repetir por 3)"

Ahora bebe medio vaso de agua y con el otro medio moja tus dedos y marca los siete Chakras en tu cuerpo, este Ángel rige las criaturas oceánicas, el agua es uno de los mejores conductores de energía.

Los Ángeles en TU VIDA

Espero y deseo que este trabajo angelical te ayude en tu **camino diario hacia la abundancia y la prosperidad**, que toda la energía que contiene cada una de estas páginas sea parte de esa transformación hacia ese siguiente nivel.

Ese nivel que te corresponde, que la Divinidad Infinita siempre ha tenido preparado para ti y que solo debes aceptar, creer que TE CORRESPONDE y como tal comenzar a vivirlo, a sentirlo como TUYO.

> *Cada hora espejo, cada referencia numérica, esas plumas que te llegan, las canciones, las mariposas y sus divertidos juegos.*

> *Soñar y despertar con un cambio de consciencia, la trasmutación hacia otro nivel.*

Contar con la ayuda y los mensajes de estos seres de Luz puedo asegurarte que es super divertido y hace que la sonrisa aparezca en tu cara de forma natural, recuerda que el único secreto es ACEPTAR, disfrutar, jugar y pensar que NADA ES CASUALIDAD, sino CAUSAL.

> No existen casualidades, existen complicidades angelicales.

Muchas gracias por leer mi libro, me encantaría conocer tu opinión para hacer mi próximo libro mucho mejor.

> **Por favor, déjame una reseña honesta en Amazon para saber qué piensas realmente, ¡me encantaría que fuera Cinco Estrellas!**

Puedes saber más de mí visitando la web www.isabelsanchezrivera.com, donde tienes gratis un libro para leer.

Uno de los retos que me propuse, cuando decidí escribir **libros, fue llegar a muchas personas para ayudarles a cumplir sus sueños**, si quieres ayudarme en este propósito y crees en la **ley Universal de DAR para RECIBIR**, puedes hacerlo.

¿Habría 4 personas a las que podría ayudar este libro? Pon sus nombres:

1.-

2.-

3.-

4.-

Si lo deseas y nace de ti, entra en el lugar donde compraste este libro y regala 1 ejemplar del mismo, a cada una de estas cuatro personas, puede ser en formato ebook o en papel, es una forma de colaborar en **hacer entre todos un mundo mucho mejor.**

Gracias por permitirme estar contigo en este camino, te envío un montón de **energía positiva.**

Isabel Sánchez Rivera

12:11:21

Una Vida EXTRAORDINARIA. Las 8 Llaves de Poder

Alguien me preguntó una vez ¿Qué es una VIDA EXTRAORDINARIA?

Una Vida Extraordinaria, SI, solo lo EXTRAORDINARIO nos hace sentir la auténtica FELICIDAD.

"Mi propósito en la vida es ayudar a millones de personas a transformar sus vidas, para atraer lo que desean y ser más felices. "

Porque ¿no es cierto que todos queremos ser más felices?, una misión, AYUDAR a los demás, porque o creces o mueres y es momento de ponerte en movimiento, tu elijes MORIR EN VIDA O CRECER.

Hacerte consciente del porqué tu VIDA es la que ES en este momento.

Entender cómo funciona "ese algo", que tienen esas personas que CONSIGUEN TODO LO QUE QUIEREN y hacer que TU también puedas atraer todas esas cosas maravillosas que TE MERECES.

Llaves de poder, conceptos clave para hacer de forma real CAMBIOS en TU VIDA, de forma fácil y sencilla, que te permitan salir de tu ZONA DE CONFORT, comenzar a integrar NUEVOS HÁBITOS, romper con creencias limitantes y descubrir una nueva forma de ver el MUNDO.

Reprograma tu MENTE

Siente cada momento de tu VIDA de forma diferente, más plena, libre, auténtica, mejorar tu bienestar, tu autoestima, aceptarte, quererte, sentir lo EXTRAORDINARIO.

Descubre tu PODER INTERIOR, el guerrero que llevas dentro y hazte IMPARABLE, invencible.

Es indiferente el momento actual en el que te encuentres, siempre es un buen momento para empezar tu nueva vida, aunque hoy es mucho mejor que mañana, te contaré un secreto, **cuando decides que será mañana, nunca termina de llegar y el ayer, pasó también de largo, vaya... otra oportunidad perdida.**

¿Quieres TU nueva VIDA EXTRAORDINARIA? Disponible en AMAZON

Feng Shui Urgente. Ordenar y limpiar el espacio. Rituales de limpieza

"Limpia el exterior y sanarás tu interior." ¿Dificultades, problemas? ¿Tienes historias que se repiten una y otra vez?

¿Necesitas un cambio rápido?

Feng Shui Urgente, cómo hacer de forma sencilla que la energía trabaje a tu favor, transformar tu espacio para que lo nuevo llegue a tu vida.

Este libro comenzó siendo un pdf que enviaba a mis clientes en las asesorías Feng Shui, los primeros consejos para encontrar la energía atascada y comenzar a trabajar, aplicar "Feng Shui Urgente" de forma real, supone al menos un 60% del éxito en cualquier trabajo energético, más aún si hablamos de aplicar Feng Shui.

Espacios que hay que revisar, que significa cada uno de ellos y en qué faceta de tu vida puede estar afectando, experiencias reales que hablan de resultados muy claros de cómo se mueve la energía cuando la liberamos.

Resultados que están enfocados a conseguir lo que más deseas, ese cambio, transformación, éxito en las distintas áreas de tu vida que realmente te importan.

Durante los últimos 9 años he incorporado nuevas técnicas de limpieza y orden, formas de trabajar el espacio y numerosos rituales. Ha llegado el momento de enseñarlo al mundo.

Disponible en AMAZON

Rituales y Magia Blanca. Buscando a tu Bruja interior

Descubre la magia que está en tu interior, conecta con tu esencia, haz de los rituales y la magia blanca una herramienta poderosa para atraer todo lo bueno que deseas a tu vida.

Tú también tienes el poder de ser feliz. Descubre la Bruja que hay en ti

Más de 100 Rituales, para el amor, la suerte, los estudios, el trabajo, dinero, abundancia y prosperidad, la salud, los negocios, rituales de protección y abre caminos, alejar la negatividad y conseguir el éxito.

La verdadera Magia Natural, conecta con la energía de la Naturaleza, con tu fuerza femenina, abraza su poder.

Aprende a **conectar con la energía Universal**, desde los más sencillos rituales a los más especiales y poderosos, trabajar con la luna, usar **velas, aceites esenciales, plantas, hierbas, sahumerios** y aquellos elementos que forman parte de tu vida diaria.

Realmente este libro es diferente, ha llegado a ti un **auténtico manual para la vida moderna**, no más carencias, **comienza a sentir la energía positiva desde la magia de las palabras**, haciendo que la energía trabaje a tu favor para subir tu nivel de vibración, vibrar en positivo, en definitiva, ser más feliz.

Si este libro ha llegado a tus manos es porque ha surgido la conexión, tu bruja interior desea darte todo aquello, que realmente tu ya conoces, todo llega en su momento, es tiempo de comenzar.

Disponible en AMAZON.

Midfulness "sin complejos". ¿Relajarse o meditar?

HOLA, SOY ESTRÉS ¿Te relajas o meditas?

¿Realmente importa como lo llames?

Este libro es para ti, si buscas **relajarte, conectar con la realidad, dejar de lado el miedo y la ansiedad, recuperar la creatividad, alejar de tu vida la tristeza, ser más eficaz, tener más visión, elevar tu autoestima, acabar con el cansancio mental.**

Mindfulness fácil, práctico, que funciona

Conseguir ese estado de felicidad y valor para afrontar nuestro día a día, y también para poder decir" **BYE BYE ESTRÉS"**

*Y por supuesto, HOLA atención plena, esa que nos permite **disfrutar de los placeres más sencillos de la vida**, descubrirlos y sentir cosas, cosas que uno, nunca se imagina.*

La mayoría de las **técnicas mindfulness están basadas en el trabajo directo con cada uno nuestros sentidos, en engañarlos** de alguna manera para captar la atención de nuestra mente, dispersarla, distraerla y permitirnos entrar en ese estado de relajación tan apetecible y sanador.

He traído para ti las técnicas más sencillas y eficaces para trabajar Mindfulness, el estado de relajación y el paso al estado de trance alterado que nos lleva a la meditación, de forma clara y directa, porque el resultado es lo que buscamos.

Un libro basado en **mi experiencia y en la de aquellas personas que nos han acompañado durante varios años en los talleres presenciales** que hemos realizado, **"sin complejos" para todo el mundo,** es indiferente cuales sean tus creencias o dogmas, solo cuenta el poder de Mindfulness.

Disponible en AMAZON

Aprende Feng Shui.

Pequeños cambios = Grandes Transformaciones

"Aprende Feng Shui" como su nombre indica es un **completo manual para aprender Feng Shui** desde cero hasta completar todo lo que necesitas conocer para transformar tu casa en un verdadero HOGAR, incluso si quieres ser un especialista.

Este libro es único y es un manual enfocado para aprender Feng Shui y aplicarlo a otros.

Son los pasos que tiene que seguir un asesor de Feng Shui, el libro se enfoca cómo trabajar una vivienda desde esta perspectiva.

Un **CURSO FENG SHUI completo**, más de 500 páginas en **POSITIVO, de forma intuitiva, natural** adaptada a nuestro entorno occidental.

Le acompañará una **PLANTILLA que te servirá de guía** para ir aplicando todos los pasos de forma sencilla, intuitiva y sin dudar, en ella irás anotando cada tema que iremos dando para que luego puedas hacer los cambios a tu ritmo.

Explicaciones **detalladas, sencillas y con un sinfín de experiencias personales**, tanto mías como de las personas que han trabajado conmigo sus hogares para hacer de ellos una **CASA FENG SHUI.**

Descubrir Feng Shui es un reto apasionante, durante muchos años me han pedido formación, he descubierto que el mejor curso reside en una **guía completa, al alcance de todos** y que siempre puedas consultar, la información al descubierto y a tu alcance.

Conoce tu casa y te descubrirás a ti, permite que te acompañe a este apasionante viaje al corazón de tu hogar.

¿Me llevas a casa? Será un placer caminar a tu lado. Disponible en AMAZON

Ho'oponopono. Aceptar, borrar, Innovar.

Sanar a través del perdón es una de las herramientas de trabajo person[al] que mejor funcionan para superar dificultades y comenzar una nueva form[a] de vida hacia todo lo bueno que el universo tiene para ti.

Trabajar Ho'oponopono desde la visión más práctica implica hacer de es[ta] técnica algo muy sencillo, tanto, que hay quien busca hacerla difícil.

"Perdonar, es poner a un prisionero en libertad y descubrir, que [el] prisionero eres TÚ."

Hacer Ho'oponopono parte de tu vida te permite transformar toda e[sa] realidad que te hace sufrir, parar esas situaciones que se repiten una y otra vez, calmar la ansieda[d] y vencer los miedos.

Permite que tu niña interior vuelva a estar presente y comienza a vivir nuevas experiencias que [te] lleven a ser más feliz, una vuelta a la inocencia donde hay sitio suficiente para comenzar de nuevo.

"Perdonar es el significado del verdadero amor, solo quien ama realmente, perdona."

Me gustaría enseñarte desde mi experiencia a borrar, a perdonar, a olvidar para no sufrir y ser m[ás] feliz, porque al igual que yo, SER FELIZ es algo que TODOS nos merecemos.

Ho'oponopono es el borrador perfecto para hacer espacio en nuestro almacén de memorias interio[r,] si no hay sitio no pueden venir cosas nuevas. ¿Quieres acompañarme?, será un placer enseñar[te] todas mis herramientas para que puedas usarlas en este nuevo camino.

Aceptar Ho'oponopono, es asumir que tienes el "control absoluto de tu vida", esto es parte de [lo] que vas a ver en este libro y la oportunidad que te ofrezco.

Disponible en AMAZON

Feng Shui por Habitaciones. Quiero un HOGAR

Crear un HOGAR es posible, descubrir cómo funciona tu casa, armonizar las diferentes estancias que te permiten, convertirla en la verdadera aliada de tu ÉXITO, porque el hogar que quieres comienza en TU MENTE.

"Feng Shui habitación por habitación"

Todo lo que necesitas para conseguirlo a tu alcance, para que vayas a tu ritmo, de esa forma irás transformando, decorando y generando ambientes que te harán sentir bien, atrayendo el bienestar y la armonía que buscas.

Cuentas además con una plantilla guía para ayudarte a hacer los cambios, de esta forma será mucho más sencillo hacer este **viaje al corazón de tu hogar.**

Desde la entrada a la cocina, el comedor y los baños, el corazón del salón, el dormitorio para el amor y por supuesto, las habitaciones de los niños y adolescentes, todos los espacios son parte de tu casa, lleva la magia Feng Shui a cada uno de ellos.

Una experiencia diferente, en la que además puedes conocer mejor, porque tu casa, lo dice todo de TI.

"Observa tu hogar y descubre lo que hay dentro de ti".

Feng Shui, las energías combinadas de los cinco elementos, tu mapa Bagua, colores favorables, ambientes que atrapan los sentidos, distribución de los muebles, orientaciones para la cama, textiles, cuadros, complementos decorativos y texturas que te permitirán conseguir esa casa que deseas, ese **HOGAR que te recibe con los brazos abiertos cuando llegas a él.**

Disponible en AMAZON

Agenda para Brujas. MI DIA ES MAGIA

Esta agenda es para TI si quieres traer magia a tu vida, par[a] organizarte y tomar conciencia de que cada día, es especial y puede[s] transformarlo, ya que esa es tu capacidad.

Cualquier persona que le gusta la energía, las terapias alternativas[,] la magia, y aprovechar los elementos del universo a su favor, sabe [y] es consciente de que vive un auténtico proceso de crecimient[o] personal, de cambio y aceptación.

Porque tienes una meta, unos objetivos en tu vida, **quieres conocer**[te] **mejor y traer el ÉXITO hacia ti**, para ello tienes esta potent[e] herramienta de canalización y apoyo, para ayudarte a enfocar [y] mejorar en tu día a día, para hacer que la MAGIA reine en tu VIDA.

Totalmente personalizable, cuenta con una vista semanal y los días no tienen número de día n[i] mes, por lo que puedes comenzarla en cualquier momento y cuando tomes momentos de descans[o] no quedarán hojas en blanco.

Amplio espacio para escribir e incluso definir tareas para darle al check cuando esté[n] terminadas.

CALENDARIO ANUAL, FRASE DE LA SEMANA, HOY ME SIENTO, una proyección en positiv[o] para cada día, valora rellenando estrellitas o el emoticono que más se acerque a lo que proyecta[s] para HOY. DOY GRACIAS, CICLOS LUNARES, EVENTO MAGICO, DIAS DE LA SEMANA[,] FELICITAR A, porque compartir con otras personas y sentir felicidad con ellas siempre es má[s] energía positiva, momento MANDALA, especial para pintar y crecer de dentro para fuera[,] RITUALES, espacios destinados a mejorar haciendo CAMBIO DE HÁBITOS. El poder del YO SOY[.] Momento REFLEXION.

Disponible en AMAZON

Runas para el Autoconocimiento. El Guerrero Interior.

Descubre este poderoso medio de comunicación con tu YO interior, permite potenciar tu clarividencia.

Una completa guía para aprender a utilizar las RUNAS, practicar diferentes tiradas para resolver dudas, cuestiones, problemas, obtener RESPUESTAS y también trabajar a nivel de autoayuda y crecimiento personal gracias a las poderosas preguntas y respuestas de las Runas para el AUTOCONOCIMIENTO.

Despierta al Guerrero Interior que hay en TI, esa voz interior que en muchas ocasiones ha perdido el volumen en medio del parloteo de nuestra mente consciente que nos aleja de la felicidad. A través de las diferentes tiradas y los SIGNIFICADOS completos de las 25 Runas, al derecho y aquellas que tienen mensaje al revés, podrás trabajar al completo muchas técnicas.

El futuro siempre depende de lo que estás haciendo en este PRESENTE, por lo que las respuestas que encontrarás te permitirán transformar ese futuro, gracias a sus potentes mensajes tienes la capacidad de poder tomar decisiones para alterar ese futuro, tu VIDA está realmente en TUS MANOS.

Para que puedas utilizarlas desde el primer momento **tienes una plantilla descargable con las imágenes de las 25 runas por los dos lados para que puedas imprimirlas y comenzar desde el primer momento a recibir sus mensajes.**

Las runas pueden ser utilizadas por cualquier persona, principiante o experta que quiera TRANSFORMAR su VIDA, y recorrer el sendero del auténtico conocimiento accediendo a los mensajes de estas piedras mágicas que te mostrarán los múltiples caminos a seguir para atraer a tu vida lo que deseas.

Disponible en AMAZON

Hechizos y Magia. El Libro de la Bruja Mística (Mármara Turán)

La biblia de los Conjuros, pociones, rituales, brujería y magia natural para una vida mejor

Este libro te enseñará cómo usar hechizos, rituales mágicos, conjuros, pociones, amuletos y como canalizar las diferentes energías elementales, junto con los elementos esenciales que toda BRUJA MODERNA necesita conocer:

Una verdadera BRUJA MISTICA, debe aprender a canalizar su poder interior y utilizar los elementos naturales a su alcance, para vivir una vida plena y en positivo, atrayendo para ella y otras personas, lo que desea.

Un auténtico manual para ampliar y fortalecer a cualquier bruja que lo sea o quiera serlo, un libro con un alto impacto positivo, que revela todo lo que necesitas conocer sobre la magia y cómo utilizarla desde un nivel intermedio, apto para todo tipo de razas, sexos y creencias.

Saca lo mejor de TI, innovación y prácticas. Porque si estamos bien a nivel interior, eso se refleja en el exterior, la mayor parte de la magia está YA, dentro de TI.

Trazar un círculo mágico, usar un altar. Trabajar con las fases lunares, las energías de cada día de la semana, las horas y los astros, hacer tus propios hechizos y rituales, conocer los secretos para que FUNCIONEN. Como hacer una petición correcta para que sea correspondida. Alejar la mala suerte, la negatividad, protegerte a ti y a los tuyos, así como ahuyentar cualquier maleficio. Hechizos para el Amor, la suerte, el trabajo, la salud. Realizar sahumerios con diferentes recetas, utilizar y conocer las velas en los distintos rituales y su significado. Hierbas, plantas, cristales, inciensos, aceites esenciales.

Subir de nivel, vibrar más alto y tomar poder, amarte a ti misma y que te amen.

Disponible en AMAZON

Made in the USA
Monee, IL
11 February 2025